A HISTÓRIA DA TERRA
100 palavras

A HISTÓRIA DA TERRA 100 palavras

GILLES EDUAR
ILUSTRAÇÃO E TEXTO

MARIA GUIMARÃES
TEXTO

Companhia das Letrinhas

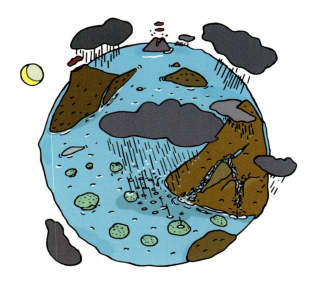

PARA A TERRA E TODOS OS SERES DO UNIVERSO QUE COM CARINHO, CONSCIÊNCIA E AÇÃO CUIDAM DO NOSSO PLANETA.

COPYRIGHT © 2018 BY GILLES EDUAR

GRAFIA ATUALIZADA SEGUNDO O ACORDO ORTOGRÁFICO DA LÍNGUA PORTUGUESA DE 1990, QUE ENTROU EM VIGOR NO BRASIL EM 2009.

CAPA E PROJETO GRÁFICO
MARIA EDUAR E MONIQUE SCHENKELS

DESENHOS E TEXTOS INFOGRÁFICOS
ANA PAULA CAMPOS

DESIGN DO RELÓGIO "24 HRS"
PAULA CARVALHO

SUPERVISOR DE PESQUISA
LUIZ EDUARDO ANELLI

PESQUISA
GILLES EDUAR E MARIA GUIMARÃES

ASSISTENTE DE ARTE
CIRÍACO NETO

TRATAMENTO DE IMAGEM
M GALLEGO · STUDIO DE ARTES GRÁFICAS

REVISÃO
**ARLETE SOUSA
NINA RIZZO**

Dados Internacionais de Catalogação na Publicação (CIP)
(Câmara Brasileira do Livro, SP, Brasil)

Eduar, Gilles
 A história da Terra 100 palavras / Gilles Eduar ; [ilustrações do autor]; texto de Gilles Eduar e Maria Guimarães. — 1ª ed. — São Paulo : Companhia das Letrinhas, 2018.

 ISBN 978-85-7406-845-9

 1. Planeta Terra — História — Literatura infantojuvenil 2. Seres vivos — Planeta Terra — Literatura infantojuvenil I. Guimarães, Maria II. Título.

18-18918   CDD-028.5

Índices para catálogo sistemático:
1. Planeta Terra: Literatura infantil 028.5
2. Planeta Terra: Literatura infantojuvenil 028.5

Maria Paula C. Riyuzo — Bibliotecária — CRB -8/7639

1ª REIMPRESSÃO

TODOS OS DIREITOS DESTA EDIÇÃO RESERVADOS À
EDITORA SCHWARCZ S.A.
RUA BANDEIRA PAULISTA, 702, CJ. 32
04532-002 — SÃO PAULO — SP — BRASIL
☎ (11) 3707-3500
WWW.COMPANHIADASLETRINHAS.COM.BR
WWW.BLOGDALETRINHAS.COM.BR
/COMPANHIADASLETRINHAS
COMPANHIADASLETRINHAS

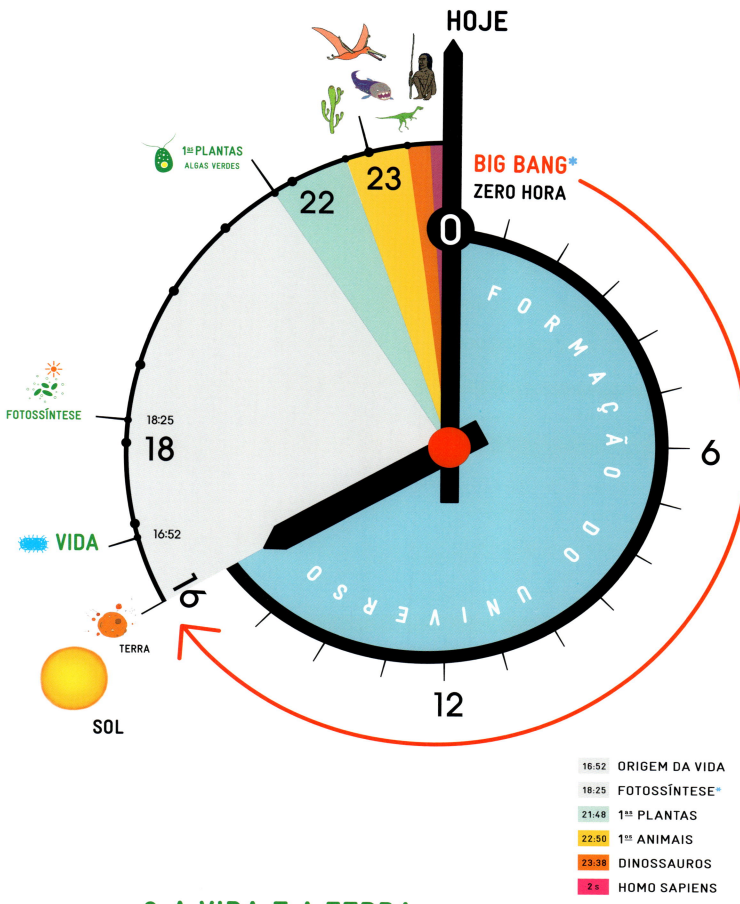

16:52	ORIGEM DA VIDA
18:25	FOTOSSÍNTESE*
21:48	1ªs PLANTAS
22:50	1ºs ANIMAIS
23:38	DINOSSAUROS
2 s	HOMO SAPIENS

🦎 A VIDA E A TERRA

SE TODA A HISTÓRIA DO UNIVERSO, COM 13,8 BILHÕES DE ANOS, FOSSE REPRESENTADA NAS **24 HORAS** DE UM DIA, A TERRA SÓ SE FORMARIA ÀS 16 HORAS, ISTO É: HÁ 4,5 BILHÕES DE ANOS. OS PRIMEIROS ORGANISMOS VIVOS SURGEM 500 MILHÕES DE ANOS DEPOIS, ÀS 16H52. E SÓ POR VOLTA DAS 23 HORAS QUE APARECEM OS PRIMEIROS SERES MAIS COMPLEXOS.

O QUE TERIA ACONTECIDO A PARTIR DAS 23 HORAS ATÉ A APARIÇÃO DOS PRIMEIROS SERES HUMANOS, NOS ÚLTIMOS DOIS SEGUNDOS DESTAS 24 HORAS?

SUMÁRIO

A GRANDE AVENTURA 8

PRIMÓRDIOS
ORIGEM DA VIDA

PAISAGEM 10
PARA SABER + ... 12

EDIACARANO
VIDA NA ÁGUA

PAISAGEM 14
BICHOS + PLANTAS + PALAVRAS ... 16
PARA SABER + ... 18

CAMBRIANO
DIVERSIDADE NA ÁGUA

PAISAGEM 20
BICHOS + PLANTAS + PALAVRAS 22
PARA SABER + ... 24

DEVONIANO · CARBONÍFERO
CONQUISTA DOS CONTINENTES

PAISAGEM 26
BICHOS + PLANTAS + PALAVRAS ... 28
PARA SABER + ... 30

TRIÁSSICO · JURÁSSICO
ERA DOS DINOSSAUROS
PAISAGEM 32
BICHOS + PLANTAS + PALAVRAS....34
PARA SABER + ...36

CRETÁCEO
FIM DE UMA ERA
PAISAGEM 38
BICHOS + PLANTAS + PALAVRAS...40
PARA SABER + ...42

PALEOGENO
A VEZ DOS MAMÍFEROS
PAISAGEM 44
BICHOS + PLANTAS + PALAVRAS ..46
PARA SABER + ...48

PLEISTOCENO
MEGAFAUNA
PAISAGEM 50
BICHOS + PLANTAS + PALAVRAS...52
PARA SABER + ...54

LINHA DO TEMPO 56
GLOSSÁRIO *..60
BIOGRAFIAS 62

A GRANDE AVENTURA

COMO O PLANETA TERRA APARECEU NO UNIVERSO? COMO AS PESSOAS, OS OUTROS ANIMAIS E AS PLANTAS APARECERAM NA TERRA? QUANDO NASCEU A LUA? E O SOL? VAMOS COMEÇAR BEM LÁ ATRÁS. O SOL NASCEU HÁ 4,6 BILHÕES DE ANOS A PARTIR DE UMA NUVEM GIGANTESCA DE GASES INTERESTELARES. A TERRA E TODOS OS PLANETAS DO SISTEMA SOLAR SE FORMARAM UM POUCO DEPOIS A PARTIR DE POEIRAS CÓSMICAS E GASES QUE GIRAVAM EM TORNO DO SOL. ESSAS PARTÍCULAS FORAM SE AGLOMERANDO E FORMANDO ROCHAS E MICROPLANETAS, QUE DERAM ORIGEM AOS PLANETAS DO

SISTEMA SOLAR.

PRIMÓRDIOS ORIGEM DA VIDA

NO INÍCIO, A TERRA ERA UMA BOLA DE MAGMA, UM MAR DE LAVA COBRIA SUA SUPERFÍCIE. MAS, AO LONGO DE MILHÕES DE ANOS, O NOSSO PLANETA FOI ESFRIANDO. ASSIM SE FORMOU UMA CROSTA, AINDA FRÁGIL DEVIDO À ATIVIDADE VULCÂNICA INTENSA E AO BOMBARDEIO CONSTANTE DE ASTEROIDES* E COMETAS. ESTES, VINDOS DE OUTRAS REGIÕES DO SISTEMA SOLAR, ERAM PORTADORES DE MINERAIS COM ÁGUA EM SUA COMPOSIÇÃO QUÍMICA. COM A DIMINUIÇÃO DA TEMPERATURA NA SUPERFÍCIE, O VAPOR D'ÁGUA SE CONDENSOU E FORTES CHUVAS ÁCIDAS FORMARAM OS PRIMEIROS OCEANOS. NESSE AMBIENTE INÓSPITO, HÁ 4 BILHÕES DE ANOS, APARECERAM NA ÁGUA AS PRIMEIRAS FORMAS DE VIDA: OS ANTEPASSADOS DAS BACTÉRIAS!

01 SOL
O SOL É UMA ENORME ESFERA DE GÁS INCANDESCENTE, A ÚNICA ESTRELA DO NOSSO SISTEMA PLANETÁRIO. EM TORNO DELE GIRAM OITO PLANETAS, INCLUSIVE A TERRA. O SOL NOS FORNECE LUZ E CALOR POR MEIO DA FUSÃO DE NÚCLEOS DE HIDROGÊNIO QUE DÃO ORIGEM AO HÉLIO.

02 TERRA
A TERRA É UM PLANETA ROCHOSO, O TERCEIRO MAIS PRÓXIMO DO SOL. ELE É O ÚNICO DO SISTEMA SOLAR A TER UMA ATMOSFERA RICA EM OXIGÊNIO E A ABRIGAR ÁGUA EM ESTADO LÍQUIDO EM SUA SUPERFÍCIE. ESSAS CONDIÇÕES MUITO ESPECIAIS PERMITIRAM O SURGIMENTO DA VIDA E SUA EVOLUÇÃO AO LONGO DA HISTÓRIA DO PLANETA.

03 LUA
ENTRE OS LUGARES MAIS FRIOS DO SISTEMA SOLAR ESTÃO AS CRATERAS NOS POLOS LUNARES, FORMADAS POR NUMEROSOS COMETAS QUE ATINGEM SEU SOLO DESPROTEGIDO PELA AUSÊNCIA DE UMA ATMOSFERA. TAMBÉM NÃO HÁ ÁGUA LÍQUIDA EM SUA SUPERFÍCIE, DE MANEIRA QUE AINDA NÃO FORAM ENCONTRADOS SINAIS DE VIDA POR LÁ.

SOL 696.000 KM
TERRA 40.075 KM
LUA 10.921 KM

A CIRCUNFERÊNCIA DO SOL É **109 VEZES** MAIOR QUE A DA TERRA. E A DA TERRA É **4 VEZES** MAIOR QUE A DA LUA

NASCIMENTO DA TERRA E DA LUA

QUANDO NOSSO PLANETA ESTAVA EM FORMAÇÃO, UM CORPO CELESTE CHAMADO THEIA COMEÇOU A SE APROXIMAR...

... A UMA VELOCIDADE 20 VEZES MAIOR QUE UMA BALA DE REVÓLVER...

... E CHOCOU-SE COM A TERRA, PROVOCANDO UMA GRANDE EXPLOSÃO!

LUA 22.000 KM

A FORÇA DA GRAVIDADE COMEÇOU A COMPACTAR OS FRAGMENTOS DE ROCHA LIBERADOS PELO CHOQUE E, AO LONGO DE ALGUMAS CENTENAS DE ANOS, FOI SE FORMANDO O GRANDE SATÉLITE QUE VEMOS DE NOSSAS JANELAS: A LUA!

A TERRA FOI ESFRIANDO DURANTE MILHÕES DE ANOS, E COM ISSO UMA CROSTA DURA SE FORMOU NA SUA SUPERFÍCIE.

TERRA

METEORITO

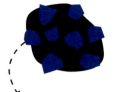
MINERAIS
ÁGUA

COM OS METEORITOS QUE CHEGARAM DE TODOS OS LADOS, VIERAM MINÚSCULOS MINERAIS COM ÁGUA NA SUA COMPOSIÇÃO QUÍMICA!

A ÁGUA COMEÇOU A SE ACUMULAR EM LAGOS BEM EXTENSOS...

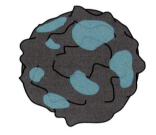

... E A GERAR CHUVAS BEM FORTES, DISTRIBUINDO ÁGUA POR TODA A SUPERFÍCIE, FORMANDO OS PRIMEIROS OCEANOS.

A CROSTA CONTINUOU ESFRIANDO E FICOU AINDA MAIS ESPESSA. COM ISSO, A PRESSÃO SOBRE O NÚCLEO AUMENTOU. O CALOR VINDO DESTE NÚCLEO ATINGIU CAMADAS DE MAGMA SOB A CROSTA PROVOCANDO ERUPÇÕES. ASSIM SURGIRAM OS VULCÕES.

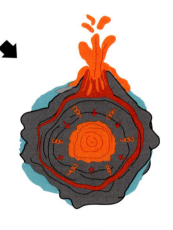

DEPOIS DE MUITAS ERUPÇÕES, NASCEU O PLANETA AZUL QUE CONHECEMOS, REPLETO DE ÁGUA E COM FRAGMENTOS DE CROSTA QUE DERAM ORIGEM AOS CONTINENTES.

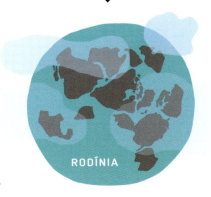
RODÍNIA

MAS A TERRA MUDOU BASTANTE ATÉ CHEGARMOS AQUI. A DISTRIBUIÇÃO DOS CONTINENTES NAQUELA ÉPOCA FICOU CONHECIDA PELO NOME DE RODÍNIA.

PARA SABER +

METEORITO
04 METEORITOS SÃO FRAGMENTOS DE OBJETOS CELESTES, COMO COMETAS, ASTEROIDES OU RESTOS DE PLANETAS, QUE ATINGIRAM O SOLO DA TERRA SEM SE DETERIORAREM COMPLETAMENTE AO ATRAVESSAREM A ATMOSFERA. GRANDE PARTE DA ÁGUA QUE CONHECEMOS VEIO DE METEORITOS E ASTEROIDES QUE BOMBARDEARAM A TERRA DURANTE SUA FORMAÇÃO.

ÁGUA
05 TODO SER VIVO NECESSITA DE ÁGUA PARA EXISTIR. ATÉ ONDE SE SABE, NÃO HÁ POSSIBILIDADE DE VIDA SEM ELA. A ÁGUA ESTÁ EM TODA PARTE, MESMO QUE A GENTE NÃO A VEJA. UMA PLANTA, ASSIM COMO NOSSO CORPO, É COMPOSTO SOBRETUDO DE ÁGUA. NA TERRA, ELA NUNCA SE PERDE, MAS SE TRANSFORMA. NUVENS, CHUVAS E GELEIRAS FAZEM PARTE DESTE CICLO.

VULCÃO
06 O VULCÃO É COMO SE FOSSE UMA CHAMINÉ NATURAL POR ONDE ÀS VEZES JORRAM CINZAS E MAGMA, QUE SÃO ROCHAS FUNDIDAS PROVENIENTES DA PARTE SUPERIOR DO MANTO TERRESTRE.

ESTROMATÓLITO • BACTÉRIA
07 POR VOLTA DE 4 BILHÕES DE ANOS ATRÁS, COMEÇOU A SURGIR A VIDA QUE DEU ORIGEM ÀS BACTÉRIAS*. ERAM SERES MICROSCÓPICOS, QUE NÃO CONSEGUIMOS ENXERGAR, MAS DEIXARAM REGISTROS VISÍVEIS E GANHARAM O NOME DE ESTROMATÓLITOS*, E ERAM FORMADOS PELA ATIVIDADE BIOLÓGICA DESSES MICRORGANISMOS, COMO A RESPIRAÇÃO. OS MAIS ANTIGOS TÊM 3,7 BILHÕES DE ANOS.

FORAM NECESSÁRIOS 3,9 BILHÕES DE ANOS PARA CHEGARMOS AOS PRIMEIROS SERES VIVOS MAIS COMPLEXOS. ISSO ACONTECEU NO PERÍODO GEOLÓGICO CHAMADO **EDIACARANO**, QUANDO, APÓS UMA LONGA TEMPORADA DE FRIO INTENSO, BOAS CONDIÇÕES CLIMÁTICAS PERMITIRAM QUE A VIDA SE TORNASSE MAIS ELABORADA A PARTIR DE ASSOCIAÇÕES DE BACTÉRIAS E OUTROS MICRÓBIOS.

SPRIGGINA
1 cm

CHARNIODISCUS
50 cm

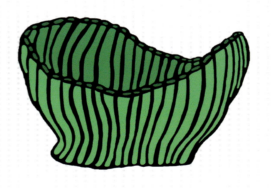

ERNIETTA
2,3 a 4,5 cm

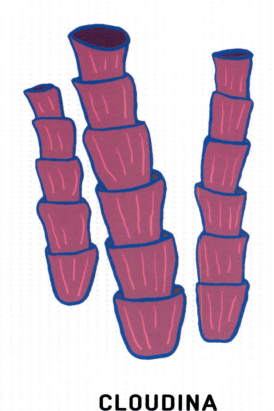

CLOUDINA
1,5 cm

TRIBRACHIUM
5 cm

16

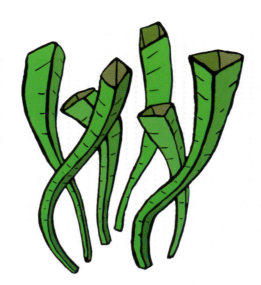

CORUMBELLA

2 cm

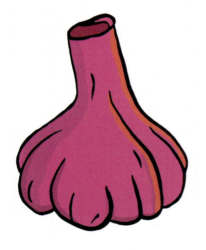

INARIA

1 cm

DICKINSONIA

4 mm a 1 m

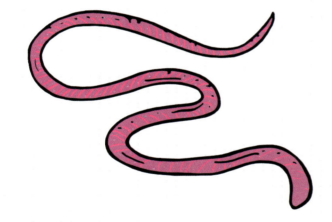

MULTINA MINIMA

1 mm

EDIACARIA

1 a 70 cm

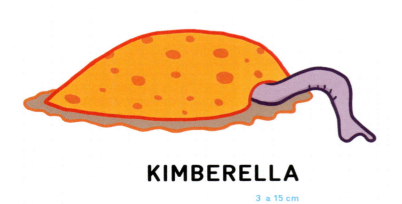

KIMBERELLA

3 a 15 cm

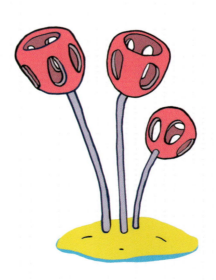

NAMACALATHUS

6 mm

17

EDIACARANO
VIDA NA ÁGUA

EM UM OCEANO DE TEMPERATURA MAIS AMENA E COM MAIS OXIGÊNIO SURGE, HÁ 600 MILHÕES DE ANOS, A BIOTA* DE EDIACARA. SÃO ORGANISMOS DE CORPO MOLE, SEM ESQUELETOS RÍGIDOS, COMO CONCHAS E CARAPAÇAS. ALGUNS LEMBRAM MEDUSAS, OUTROS TÊM FORMA DE FOLHAS, HÁ TAMBÉM ALGUNS VERMES E OUTROS QUE NÃO SE PARECEM COM NADA QUE CONHECEMOS HOJE. NINGUÉM SABE AO CERTO COMO VIVIAM, NEM SE ERAM BICHOS OU PLANTAS! TAMBÉM É UM MISTÉRIO POR QUE DESAPARECERAM SEM DEIXAR DESCENDENTES. MAS ESTE FOI O INÍCIO DE UMA LONGA EVOLUÇÃO, QUE ENVOLVEU CONTÍNUAS ADAPTAÇÕES VAGAROSAS — E POR VEZES ABRUPTAS — DA VIDA NA TERRA.

08 CHARNIODISCUS • PARECIA UMA FOLHA, MAS NÃO ERA PLANTA! SERIA UM ANIMAL? TINHA ALGUNS ASPECTOS SEMELHANTES AOS CORAIS DE HOJE: AS FOLHAS SUSPENSAS JUNTO AO FUNDO DO MAR. PARA SE ALIMENTAR, CAPTURAVAM MINÚSCULOS ORGANISMOS QUE FLUTUAVAM NA ÁGUA.

09 SPRIGGINA • NÃO SE SABE DE QUE BICHOS ATUAIS ELES ERAM PARENTES, NEM SE CONSEGUIAM SE LOCOMOVER. ATÉ HOJE NÃO SE CHEGOU A UM ACORDO SOBRE O QUE ERA O PÉ E O QUE ERA A CABEÇA DESSES SERES! TALVEZ TIVESSEM OLHOS E ANTENAS, E SUA PARTE INFERIOR ERA RECOBERTA POR PLACAS QUE SE ENCAVALAVAM UMAS SOBRE AS OUTRAS.

10 EDIACARIA • COM SEU FORMATO DE CÍRCULOS CONCÊNTRICOS, TALVEZ FOSSE ALGO COMO UMA MEDUSA, OU NÃO! O CURIOSO É QUE, AO CONTRÁRIO DA MAIOR PARTE DOS ORGANISMOS DESSA ÉPOCA, PARECE TER ESCAPADO DA ONDA DE EXTINÇÕES.

11 DICKINSONIA • É POSSÍVEL QUE SUA APARÊNCIA LEMBRASSE O CORAL-COGUMELO ATUAL. O TAMANHO DESTE DISCO ESTRIADO FLEXÍVEL VARIAVA DESDE ALGUNS MILÍMETROS ATÉ 1 METRO DE COMPRIMENTO, MAS ERA BEM ACHATADO, COM POUCOS MILÍMETROS DE ESPESSURA. FICAVA FIXO NO SOLO, ASSOCIADO ÀS CAMADAS DE MICRÓBIOS.

12 NAMACALATHUS • É UM DOS EXEMPLOS MAIS ANTIGOS DE CARAPAÇA CALCIFICADA, O PRIMEIRO TIPO DE ESQUELETO QUE EXISTIU. JUNTO COM CLOUDINA, FORMAVA ALGO COMO RECIFES. FÓSSEIS DESSES DOIS ANIMAIS FORAM ENCONTRADOS NO MESMO TIPO DE ROCHA, NO PARAGUAI, PRÓXIMO À FRONTEIRA COM O MATO GROSSO DO SUL.

13 KIMBERELLA • É PROVÁVEL QUE FOSSE UM MOLUSCO*, EMBORA NÃO TIVESSE CONCHA. SUGERE-SE QUE ELE SE LOCOMOVIA PELO FUNDO, ONDE "PASTAVA" EM TAPETES DE MICRÓBIOS. ISSO FAZIA DELE UM PREDADOR IMPORTANTE, QUE DEVORAVA ESSE SUBSTRATO DE SERES MINÚSCULOS.

 SOL — ORIGEM DA VIDA — EUCARIONTES — EDIACARANO

TERRA / LUA

| 4,6 bilhões de anos (b/a) | 4,5 b/a | 4,1 b/a | 2,1 b/a | 630 milhões de anos (m/a) |

18

PARA SABER +

14 ERNIETTA • ERA COMO UM SACO QUE FICAVA ENTERRADO NO SEDIMENTO, COM PAREDES FORMADAS POR TUBOS VERTICAIS. NÃO EXISTE NADA PARECIDO HOJE!

15 MULTINA MINIMA • PARA ESSA FAUNA TÃO INICIANTE, UM VERME QUE ESCAVAVA ALGUNS MILÍMETROS NO SEDIMENTO ERA UM ESPANTO DE SOFISTICAÇÃO. PARECE QUE EXISTIRAM MESMO, E DEIXARAM MARCAS EM ROCHAS ENCONTRADAS NO PANTANAL.

18 CORUMBELLA • ASSIM COMO OS NOSSOS CORAIS, FICAVA PRESA AO FUNDO DO MAR, MAS NÃO ERA PROPRIAMENTE INOFENSIVA: É CONSIDERADA UMA PREDADORA DE MICRORGANISMOS. SEU NOME SIGNIFICA "BELA DE CORUMBÁ", PORQUE FOI DESCOBERTA NESSA CIDADE DO MATO GROSSO DO SUL.

16 CLOUDINA • COM O ESQUELETO QUE LEMBRA CASQUINHAS DE SORVETE EMPILHADAS, ESSES ANIMAIS FICAVAM ENTERRADOS NOS TAPETES DE MICRÓBIOS. MAS NÃO FICAVAM SOTERRADOS PORQUE, AOS POUCOS, PRODUZIAM NOVOS CONES.

19 INARIA • PARECIA UMA CABEÇA DE ALHO OU UM FRASCO CÔNICO, MAS ERA UM BICHO! VIVIA COM A PARTE MAIS LARGA ENTERRADA NA LAMA E O TUBO ESTENDIDO PARA FORA.

17 TRIBRACHIUM • OS ESPECIALISTAS DISCUTEM SE ERAM ANCESTRAIS DOS CORAIS OU DAS ESTRELAS-DO-MAR. TALVEZ NEM BICHO FOSSEM, PODERIAM ATÉ SER UMA COLEÇÃO DE SERES UNICELULARES AMONTOADOS.

EDIACARA É O NOME DE COLINAS NO SUL DA AUSTRÁLIA, EM QUE ORGANISMOS DESSA FAUNA FORAM ENCONTRADOS PELA PRIMEIRA VEZ. DEPOIS DISSO, FÓSSEIS DO MESMO TIPO FORAM ENCONTRADOS EM VÁRIOS OUTROS LUGARES DO MUNDO, INCLUSIVE NO BRASIL, ONDE HOJE FICA O PANTANAL. NESSE PERÍODO, SÓ HAVIA UM SUPERCONTINENTE CHAMADO **RODÍNIA**.

| CAMBRIANO | DEVONIANO • CARBONÍFERO | TRIÁSSICO • JURÁSSICO | CRETÁCEO | PALEOGENO | PLEISTOCENO |

541 m/a | 419 m/a | 359 m/a | 252 m/a | 201 m/a | 145 m/a | 56 m/a | 2,5 m/a

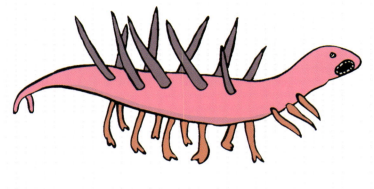

HALLUCIGENIA
3,5 cm

DINOMISCHUS
2 cm

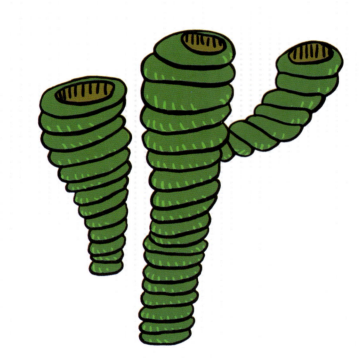

WAPKIA
17 cm

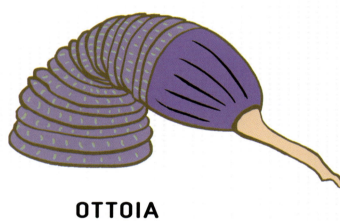

OTTOIA
8 cm

ELDONIA
10 cm

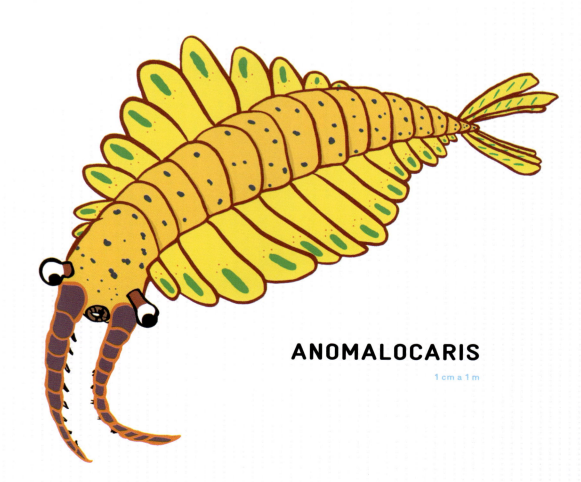

ANOMALOCARIS
1 cm a 1 m

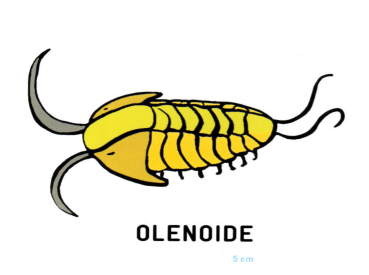

OLENOIDE
5 cm

OPABINIA
8 cm

AYSHEAIA
6 cm

No **CAMBRIANO**, que começou há 542 milhões de anos, a natureza criou com muita engenhosidade uma variedade considerável de formas de vida mais complexas. Este eventou ficou conhecido como explosão cambriana. Esta fauna incrível foi chamada Fauna de Burgess.

VAUXIA
8 cm

MARRELLA
2 cm

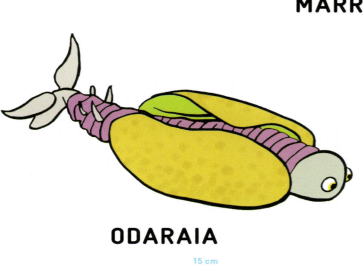

ODARAIA
15 cm

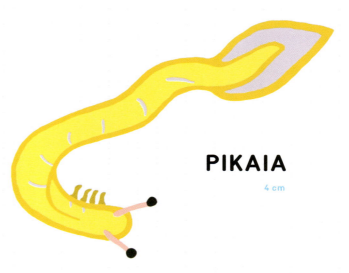

PIKAIA
4 cm

23

CAMBRIANO
DIVERSIDADE NA ÁGUA

HAVIA DE TUDO NA FAUNA DO CAMBRIANO: BICHOS MOLES, BICHOS COM CASCA QUE PARECIAM ARMADURAS, OUTROS QUE PARECIAM FLORES. VERMES, ALGAS... TODOS VIVIAM DENTRO DA ÁGUA E ERAM MUITO PEQUENOS, COM EXCEÇÃO DO ANOMALOCÁRIS, A FERA DAQUELA ÉPOCA. ERAM FORMAS DE VIDA MUITO DIFERENTES, E ESSA DIVERSIDADE RESULTOU DA CAPACIDADE EVOLUTIVA DOS ANIMAIS, AO OCUPAREM AMBIENTES MARINHOS CHEIOS DE OXIGÊNIO. ESSA FAUNA VIVEU DURANTE 40 MILHÕES DE ANOS. É UM PERÍODO QUE NÃO DÁ PARA IMAGINAR, MAS, NO PROCESSO EVOLUTIVO DA TERRA, NEM É TANTO.

20 MARRELLA • É O FÓSSIL* ENCONTRADO EM MAIOR ABUNDÂNCIA EM BURGESS. TINHA ENTRE 24 E 26 SEGMENTOS, CADA UM COM UM PAR DE PERNAS, E MAIS UM PAR DE GUELRAS QUE LHE PERMITIA RESPIRAR. ISSO TUDO EM MENOS DE 2 CENTÍMETROS DE COMPRIMENTO. PROVAVELMENTE ESCAVAVA O SEDIMENTO EM BUSCA DE DETRITOS E NADAVA ONDULANDO UM PAR DE APÊNDICES NA CABEÇA SEMELHANTE A REMOS.

23 ANOMALOCARIS • O NOME SIGNIFICA "CAMARÃO ESTRANHO" E ERA O MAIOR BICHO DA ÉPOCA, PODENDO CHEGAR A 1 M. UM PREDADOR DIGNO DE PESADELO. ESMAGAVA SUAS PRESAS COM A BOCA CIRCULAR, CHEIA DE DENTES SERRILHADOS. TINHA ESTRUTURAS LATERAIS QUE ONDULAVAM QUANDO NADAVA E DOIS GRANDES OLHOS NA CABEÇA.

21 AYSHEAIA • ERA UM VERME DE ATÉ 6 CM, COM O CORPO DIVIDIDO EM SEGMENTOS, CADA UM COM UM PAR DE PERNAS. EM VOLTA DA BOCA, SEIS APÊNDICES EM FORMA DE DEDOS RASPAVAM ALIMENTO DAS ESPONJAS ONDE VIVIA.

24 OTTOIA • ERA UM VERME MARINHO QUE COMIA LAMA E PEQUENOS VERMES. FICAVA SEMIENTERRADO COM A PONTA PARA FORA. CAPTURAVA SUAS PRESAS COM UMA ESPÉCIE DE TROMBA QUE VIRAVA DO AVESSO, EXPONDO PEQUENOS ESPINHOS. PARECE ASSUSTADOR, MAS FELIZMENTE TINHA APENAS 8 CM.

22 OPABINIA • TINHA CINCO OLHOS E UMA LONGA TROMBA CHEIA DE ESPINHOS PARA AGARRAR ALIMENTO. ERA TÃO ESTRANHO QUE A PLATEIA RIU QUANDO FOI DESCRITO POR CIENTISTAS PELA PRIMEIRA VEZ! DEVE TER SIDO CAPAZ DE NADAR, MAS ESSE BICHINHO DE 8 CM PROVAVELMENTE PREFERIA ANDAR PELO FUNDO DO MAR FUÇANDO O SEDIMENTO.

25 OLENOIDES • SUA ESTRUTURA É TÍPICA DOS TRILOBITAS, BICHOS QUE PARECIAM TER UMA ARMADURA DIVIDIDA EM TRÊS PARTES: CABEÇA, TÓRAX DIVIDIDO EM SETE SEGMENTOS E UM RABO SEMICIRCULAR. TINHA ANTENAS LONGAS E SE LOCOMOVIA ANDANDO.

SOL | TERRA | LUA | ORIGEM DA VIDA | EUCARIONTES | EDIACARANO

4,6 bilhões de anos (b/a) | 4,5 b/a | 4,1 b/a | 2,1 b/a | 630 milhões de anos (m/a)

24

26 ODARAIA • ERA O MAIOR ARTRÓPODE* DE BURGESS, COM 15 CM. TINHA DOIS OLHÕES NA FRENTE E POSSIVELMENTE MAIS DOIS OLHINHOS ENTRE ELES E 45 PARES DE PATAS QUE FICAVAM MEIO ESCONDIDAS DENTRO DA CARAPAÇA. A CAUDA TINHA TRÊS PONTAS, COMO SE FOSSE UM AVIÃO. É POSSÍVEL QUE NADASSE DE PATAS PARA CIMA, FILTRANDO A ÁGUA QUE CORRIA POR DENTRO DA COURAÇA.

27 ELDONIA • UM DISCO QUE LEMBRA UMA MEDUSA COM 10 CM DE DIÂMETRO E UM SISTEMA DIGESTIVO EM FORMA DE C. NINGUÉM SABE AO CERTO O QUE ERA. HÁ QUEM DEFENDA QUE FLUTUASSE NO MAR, OUTROS AFIRMAM QUE PERMANECIA IMÓVEL NO FUNDO DA ÁGUA.

28 HALLUCIGENIA • ERA UM ANIMAL TUBULAR COM ATÉ 3,5 CM DE COMPRIMENTO E SETE OU OITO PARES DE PERNAS, COM DUAS GARRAS NAS PONTAS. QUANDO DESCOBERTO, NINGUÉM SABIA ONDE ESTAVA A CABEÇA NEM COMO FICAVA DE PÉ: NOS ESPINHOS OU NOS TENTÁCULOS? AFINAL, PARECE QUE OS TENTÁCULOS SÃO AS PERNAS. SUGAVA ÁGUA COM OS DENTINHOS QUE RODEAVAM A BOCA, TALVEZ COMESSEM ESPONJAS, POIS MUITAS VEZES FORAM ENCONTRADOS COM PEDAÇOS DE VAUXIA NA BOCA.

29 DINOMISCHUS • PARECIA UMA FLOR DE 2 CM PRESA AO FUNDO DO MAR. É POSSÍVEL QUE SUAS DEZOITO PÉTALAS CURTAS FOSSEM RECOBERTAS POR PELINHOS QUE SE MOVIMENTAVAM NA ÁGUA. ASSIM, ESSE ANIMAL SUGAVA E FILTRAVA A ÁGUA MARINHA, QUE DEPOIS SAÍA POR UM BURAQUINHO PRÓXIMO À BOCA.

PARA SABER +

30 PIKAIA • ESSE VERME ACHATADO DE 4 CM ATÉ PARECE INSIGNIFICANTE, MAS POR QUASE UM SÉCULO FOI CONSIDERADO UM ANCESTRAL DOS VERTEBRADOS. NO FIM, PARECE QUE NÃO É. ELE NADAVA ONDULANDO O CORPO, TINHA DOIS TENTÁCULOS COM JEITO DE ANTENAS E UMAS PATINHAS BEM PEQUENAS NA PARTE DA FRENTE.

31 VAUXIA • ERA UMA ESPONJA: ANIMAL QUE SE NUTRE FILTRANDO A ÁGUA DO MAR. SUA ESTRUTURA RAMIFICADA TINHA UMA CAVIDADE NO MEIO E UMA ABERTURA NO ALTO. CHEGAVA A 8 CM DE ALTURA.

32 WAPKIA • UMA ESPONJA CONSIDERADA BEM GRANDE PARA A ÉPOCA: CHEGAVA ATÉ 17 CM! PARECIA UMA COLUNA COM ESPINHOS FINOS NAS PONTAS.

BURGESS, SITUADO ONDE HOJE É O CANADÁ, É O PRIMEIRO LUGAR EM QUE FORAM ENCONTRADOS FÓSSEIS DO MEIO DO PERÍODO **CAMBRIANO**. ESTES SERES VIVERAM POR VOLTA DE 515 MILHÕES DE ANOS ATRÁS. FOI UMA GRANDE DESCOBERTA, POIS SÓ ALI FORAM PRESERVADOS ORGANISMOS MOLES — OS DUROS FORAM ENCONTRADOS TAMBÉM NA GROENLÂNDIA E NA CHINA.

1ª GRANDE EXTINÇÃO

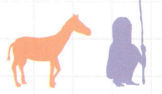

CAMBRIANO | DEVONIANO • CARBONÍFERO | TRIÁSSICO • JURÁSSICO | CRETÁCEO | PALEOGENO | PLEISTOCENO

541 m/a | 445 m/a | 419 m/a | 359 m/a | 252 m/a | 201 m/a | 145 m/a | 56 m/a | 2,5 m/a

ENTRE O DOMÍNIO DOS VERTEBRADOS E O APARECIMENTO DAS PLANTAS COM SEMENTES, OS PERÍODOS **DEVONIANO** E **CARBONÍFERO** TROUXERAM MUITAS MUDANÇAS. AOS POUCOS O AR SE ENCHEU DE OXIGÊNIO E OS BICHOS FICARAM ENORMES. AS REGIÕES EQUATORIAIS SE TRANSFORMARAM EM GRANDES FLORESTAS TROPICAIS E A FAUNA, AOS POUCOS, TOMOU GOSTO PELA VIDA NO CONTINENTE.

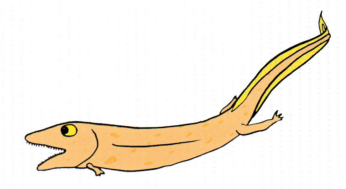

CRASSIGYRINUS
2 m

RHYNIOGNATHA HIRSTI
1 cm

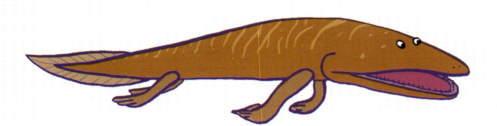

TIKTAALIK
2,5 m

JAEKELOPTERUS
2,5 m

ARCHAEOPTERIS
30 m

DUNKLEOSTEUS
6 m

28

DEVONIANO • CARBONÍFERO
CONQUISTA DOS CONTINENTES

NO DEVONIANO, ALGUNS PEIXES ESTÃO CURIOSOS PELA VIDA FORA DA ÁGUA. SUAS NADADEIRAS SE TRANSFORMAM EM PEQUENAS PATAS E SUA FUNÇÃO RESPIRATÓRIA PASSA TAMBÉM A SER PULMONAR, O QUE LHES PERMITE RESPIRAR TANTO NA ÁGUA QUANTO FORA DELA. SÃO OS TETRÁPODES. O DESENVOLVIMENTO DA FLORA NO CONTINENTE É INTERROMPIDO QUANDO O PLANETA ATRAVESSA UM PERÍODO DE FORTES MUDANÇAS CLIMÁTICAS, PROVAVELMENTE DEVIDO A UMA CORRENTE DE LAVA GIGANTE QUE RASGOU A CROSTA TERRESTRE, ABALANDO O EQUILÍBRIO DO PLANETA. NO CARBONÍFERO, A NATUREZA VAI AOS POUCOS SE RECOMPONDO. COM O DESENVOLVIMENTO DAS FLORESTAS, HÁ UM AUMENTO DE OXIGÊNIO NO AR. MUITOS BICHOS JÁ SE ADAPTARAM TOTALMENTE À VIDA FORA DA ÁGUA. TETRÁPODES QUE RESISTIRAM À ÚLTIMA EXTINÇÃO EVOLUEM PARA DAR INÍCIO A UMA NOVA CLASSE DE ANIMAIS: OS RÉPTEIS. ESTES DIVIDEM O ESPAÇO DO CONTINENTE COM OS INSETOS GIGANTES.

33 PETROLACOSAURUS • ESSE LAGARTO ERA CHEIO DE DENTES, QUE DEVIA USAR PARA COMER INSETOS NA FLORESTA DE CONÍFERAS* E SAMAMBAIAS ONDE MORAVA. TEM QUEM ACHE QUE ELE FICAVA NO CHÃO, OUTROS DIZEM QUE OS DEDOS COMPRIDOS ERAM ÓTIMOS PARA SUBIR EM ÁRVORES. TALVEZ SÓ FIZESSEM ISSO QUANDO PRECISASSEM FUGIR DE ALGUM PREDADOR.

34 JAEKELOPTERUS • UM ESCORPIÃO AQUÁTICO DE 2,5 M, O MAIOR JÁ ENCONTRADO! ERA UM GRANDE PREDADOR, CAÇANDO PEIXES E QUEM MAIS BOBEASSE POR PERTO DELE.

35 CRASSIGYRINUS • ESSE BICHO DE OLHOS GRANDES, QUE PODIAM ENXERGAR À NOITE OU SOB A ÁGUA TURVA, CONFUNDE OS ESPECIALISTAS. SERIA UM PEIXE? UM ANIMAL COM PERNAS? SEU NOME SIGNIFICA "GIRINO GROSSO"! COM DUAS FILEIRAS DE DENTES, INCLUINDO UM PAR BEM PONTUDO, DEVIA SER UM PREDADOR EFICIENTE.

36 ARCHAEOPTERIS • UMA DAS PRIMEIRAS ÁRVORES DO MUNDO. SEU NOME SIGNIFICA "SAMAMBAIA ANTIGA", MAS ERA MUITO DIFERENTE DA SAMAMBAIA QUE CONHECEMOS HOJE. TINHA UM TRONCO QUE CHEGAVA A UNS 30 M, GOSTAVA DE TERRENOS ÚMIDOS E AJUDOU A MUDAR AS CARACTERÍSTICAS DOS AMBIENTES ONDE SE ESTABELECIA, PERFURANDO O SOLO COM SUAS RAÍZES E FERTILIZANDO OS RIACHOS COM AS FOLHAS QUE CAÍAM.

37 ARTHROPLEURA • A MAIOR CENTOPEIA DE TODOS OS TEMPOS, COM MAIS DE 2 M DE COMPRIMENTO. ANDAVA DEPRESSA EM ZIGUE-ZAGUE, DESVIANDO DE OBSTÁCULOS. COMIA PLANTAS.

38 GONDWANASCORPIO • É O ANIMAL TERRESTRE MAIS ANTIGO QUE SE CONHECE EM GONDWANA, UM DOS CONTINENTES DA ÉPOCA. O CURIOSO É QUE TAMBÉM HAVIA ESCORPIÕES NA LAURÁSIA, APESAR DE NÃO HAVER BARCOS PARA ATRAVESSAR O MAR. COMO ELES TERIAM CHEGADO LÁ? PODE SER UMA INDICAÇÃO DE QUE OS CONTINENTES ESTAVAM BEM PRÓXIMOS E ALGUNS BICHOS CONSEGUIRAM PASSAR DE UM PARA O OUTRO.

SOL	TERRA • LUA	ORIGEM DA VIDA	EUCARIONTES	EDIACARANO
4,6 bilhões de anos (b/a)	4,5 b/a	4,1 b/a	2,1 b/a	630 milhões de anos (m/a)

30

39 DUNKLEOSTEUS • ERA UM PEIXÃO DO TAMANHO DE UMA ORCA, COM 6 M DE COMPRIMENTO. A CABEÇA ERA COBERTA POR UMA ARMADURA PESADA E FORTIFICADA QUE PROVAVELMENTE O DEIXAVA LENTO. MESMO ASSIM, DEVIA SER UM PREDADOR TEMÍVEL, QUE ENGOLIA PEIXES INTEIROS.

40 PTERASPIS DUNENSIS • ERA UM PEIXE COM UMA ARMADURA NA PARTE DA FRENTE. AS PLACAS QUE PROTEGIAM SUAS LATERAIS FORMAVAM ALGO PARECIDO COM ASAS, QUE DEVIAM AJUDÁ-LO A NADAR BEM. TINHA ESPETOS NAS COSTAS QUE SERVIAM COMO PROTEÇÃO QUANDO COMIA PLÂNCTON PERTO DA SUPERFÍCIE DO OCEANO.

41 MEGANEURA • COM A APARÊNCIA DE UMA LIBÉLULA ENORME, DE 75 CM DE ENVERGADURA, VIVIA PERTO DA ÁGUA E SE ALIMENTAVA DE OUTROS INSETOS E TALVEZ ATÉ DE PEQUENOS VERTEBRADOS. O NOME DÁ A IMPRESSÃO DE QUE ERA UM ANIMAL GRANDE E NERVOSO, MAS NA VERDADE ISSO SE REFERE ÀS NERVURAS DAS ASAS.

42 CALAMITES • ERA UMA PLANTA PARECIDA COM A ATUAL CAVALINHA, FEITA DE CANUDOS OCOS VERDES. SÓ QUE ENQUANTO A DOS NOSSOS DIAS É DO TAMANHO DE UM CAPIM, A DO CARBONÍFERO ERA UMA ÁRVORE GRANDE.

43 TIKTAALIK • ERA UM PEIXE, MAS JÁ QUERIA EXPLORAR OUTROS TERRITÓRIOS. RESPIRAVA DENTRO E FORA DA ÁGUA, MAS NÃO SE ARRISCAVA MUITO EM TERRA. O JEITO PARA ELE ERA FICAR PERTO DA BEIRA, ONDE A ÁGUA SUSTENTAVA SEU PESO.

44 SIGILARIA • PARECIA UMA ÁRVORE DO TAMANHO DE UM PRÉDIO DE DEZ ANDARES. SEU TRONCO NÃO ERA BEM UM TRONCO; ERA UM FEIXE DE CAULES DAS FOLHAS QUE MAIS PARECIAM CAPINS E FORMAVAM TUFOS NA COPA. DEPOIS DO CARBONÍFERO, FOI FICANDO MAIS RARA ATÉ DESAPARECER.

45 PANDERICHTYS • ESTE SER DE CABEÇA ACHATADA ERA UMA MISTURA DE PEIXE E BICHO TERRESTRE. ERGUIA A PARTE DA FRENTE DO CORPO COM AS NADADEIRAS, QUE ERAM QUASE BRAÇOS. PARECE QUE RESPIRAVA TANTO DENTRO COMO FORA DA ÁGUA: UM PEIXE FLEX.

46 RHYNIOGNATHA HIRSTI • UM PIONEIRO DOS AMBIENTES TERRESTRES, ERA UM INSETO QUE VOAVA E COMIA PARTES DE PLANTAS.

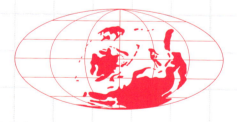

NO **DEVONIANO** HAVIA DOIS GRANDES CONTINENTES, GONDWANA E LAURÁSIA, QUE FORAM SE APROXIMANDO ATÉ SE JUNTAREM NO FINAL DO **CARBONÍFERO**, FORMANDO A PANGEA.

2ª GRANDE EXTINÇÃO

3ª GRANDE EXTINÇÃO

| CAMBRIANO | DEVONIANO • CARBONÍFERO | TRIÁSSICO • JURÁSSICO | CRETÁCEO | PALEOGENO | PLEISTOCENO |

541 m/a | 419 m/a | 380 m/a | 359 m/a | 310 m/a | 252 m/a | 201 m/a | 145 m/a | 56 m/a | 2,5 m/a

31

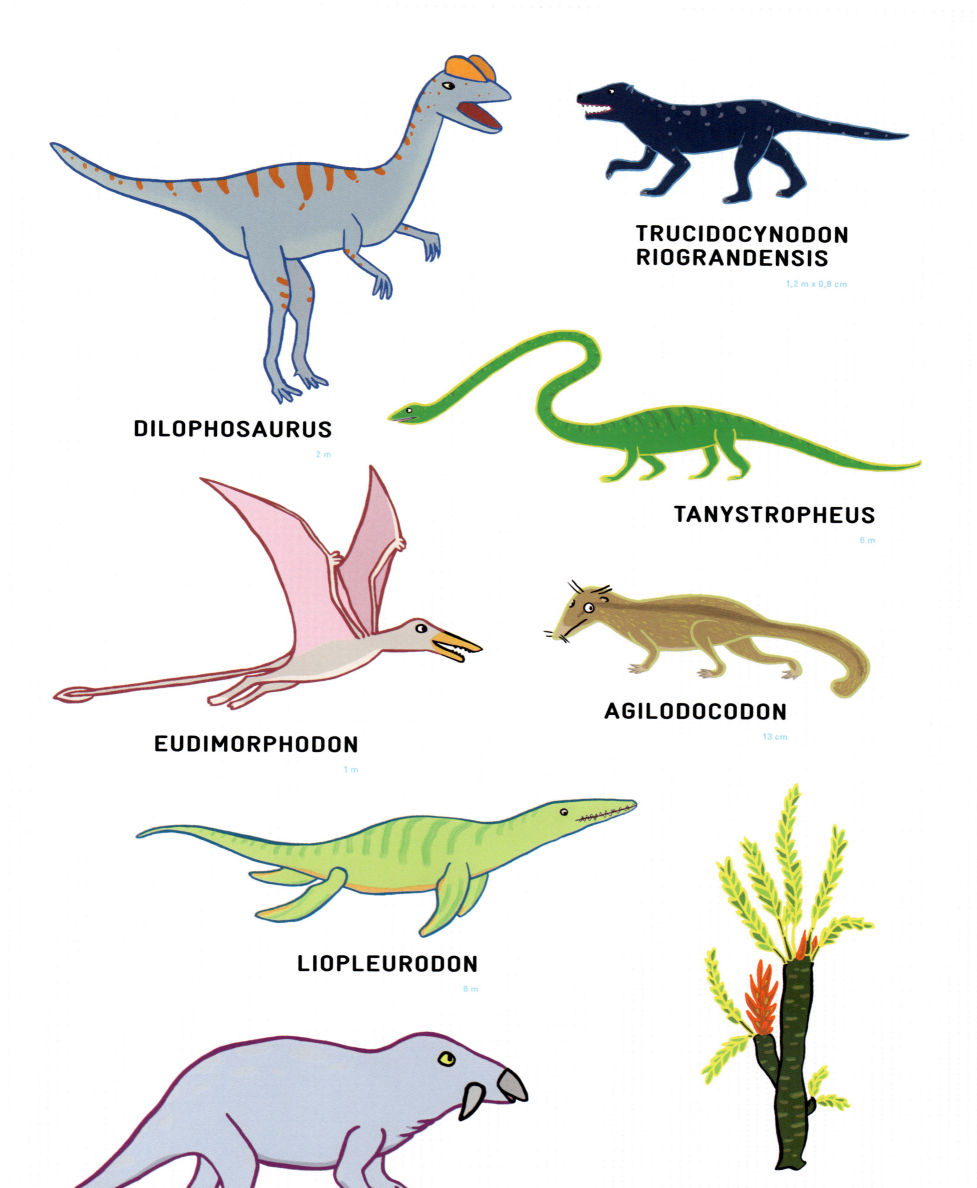

TRIÁSSICO · JURÁSSICO

ERA DOS DINOSSAUROS

NO TRIÁSSICO SURGEM OS PRIMEIROS DINOSSAUROS. ALGUNS RÉPTEIS PASSAM A VIVER NA ÁGUA. SÃO IMPONENTES E DOMINAM OS MARES. OUTROS ANIMAIS DÃO NASCIMENTO AOS PRIMEIROS MAMÍFEROS*. NO CLIMA MAIS ÚMIDO DO JURÁSSICO, A VEGETAÇÃO CRESCE. OS VEGETARIANOS TIRAM PARTIDO DESSAS MUDANÇAS: FOI A ÉPOCA DOS MAIORES DINOSSAUROS. NOS CÉUS, OS RÉPTEIS VOADORES PARECEM MORCEGOS GIGANTES. NA TERRA, AS AVES COM SUAS PLUMAS AINDA TENTAM SUAS PRIMEIRAS DECOLAGENS...

47 STEGOSAURUS • DIFERENTEMENTE DO PLATEOSAURO — DE PÉ, APOIADO NA ÁRVORE —, O ESTEGOSSAURO SE MANTINHA FIRME NO CHÃO. SUAS PATAS DA FRENTE ERAM MAIS CURTAS QUE AS DE TRÁS. LEVAR UMA RABADA DE UM DELES SERIA UMA PÉSSIMA IDEIA, COM ESSES ESPINHOS NA PONTA. AS ESTRANHAS PLACAS NAS COSTAS SERVIAM PARA REGULAR A TEMPERATURA.

48 PROGANOCHELYS • ESSA TARTARUGONA DE 1 M DE COMPRIMENTO TINHA MUITOS ESPINHOS, TANTO NA LONGA CAUDA COMO NO PESCOÇO. ISSO DEVIA SER IMPORTANTE PARA QUE SE PROTEGESSE, JÁ QUE ELA NÃO CONSEGUIA ESCONDER A CABEÇA NA CARAPAÇA. É A SEGUNDA TARTARUGA MAIS ANTIGA QUE SE CONHECE.

49 DILOPHOSAURUS • O NOME SIGNIFICA "LAGARTO DE DUAS CRISTAS". TEM GENTE QUE ACHA QUE ESSAS ESTRUTURAS SERVIAM PARA BRIGAS, MAS TALVEZ FOSSE UMA BOA FORMA DE ATRAIR AS FÊMEAS. ERA UM DOS MAIORES CARNÍVOROS DA ÉPOCA, O QUE NÃO QUER DIZER QUE FOSSE UM BOM CAÇADOR.

50 TANYSTROPHEUS • ESTE LIDAVA DE UM JEITO ENGRAÇADO COM A INDECISÃO ENTRE VIVER NA ÁGUA OU FORA DELA. SEU PESCOÇO ERA METADE DOS SEUS 6 M DE COMPRIMENTO, E ELE O MERGULHAVA NO MAR EM BUSCA DE PEIXES E MARISCOS. O RESTO DO CORPO VIVIA EM TERRA FIRME. SE ESTIVESSE EM APUROS, PODIA PERDER A CAUDA COMO UMA LAGARTIXA.

51 ORTHOCONE • PENSE NUM CARACOL, TODO ENROLADO, E ESTIQUE SUA CONCHA. É ISSO, MAS O ORTHOCONE NÃO ERA UM CARAMUJINHO DE JARDIM, PODIA CHEGAR A 10 M DE COMPRIMENTO! ELE NADAVA EM ÁGUA SALGADA E APARECEU NO FINAL DO CAMBRIANO, PERMANECENDO ATÉ O FIM DO TRIÁSSICO.

52 ARCHAEOPTERYX • ERA UM NANICO PERTO DO DILOPHOSSAURUS, MAS TALVEZ SE ACHASSE O TAL PORQUE TINHA PENAS. OS CIENTISTAS O CONSIDERAM IMPORTANTE POR SER UM DINOSSAURO QUE MAIS TARDE DEU ORIGEM ÀS AVES. PROVAVELMENTE VOAVA E TINHA GARRAS E DENTES AFIADOS.

PARA SABER +

53 CELACANTO • EXISTE HÁ MUITO TEMPO E É UM DOS POUCOS BICHOS DESSA ÉPOCA QUE AINDA ESTÃO POR AÍ. MAS É BEM RARO, NEM TENTE ENCONTRÁ-LO QUANDO FOR À PRAIA. É UM PEIXÃO MAIOR QUE UMA PESSOA ADULTA E PODE VIVER 60 ANOS. COME OUTROS PEIXES, QUE CAÇA COM SUA ENORME BOCA.

54 TRUCIDOCYNODON RIOGRANDENSIS ESTE CINODONTE, PARECIDO COM ANCESTRAIS DOS MAMÍFEROS, EXISTIA ONDE AGORA É O RIO GRANDE DO SUL. DO TAMANHO DE UM LOBO, TINHA TUDO PARA SER UM GRANDE PREDADOR COM SEUS DENTES PONTUDOS E PERNAS BOAS PARA CORRER.

55 BRACHIOSAURUS • AS PATAS DA FRENTE DO BRACHIOSAURUS ERAM MAIS COMPRIDAS DO QUE AS TRASEIRAS, O QUE O FAZIA ANDAR À MANEIRA DE UMA GIRAFA. MAS ERA BEM MAIOR, COMO SE FOSSE TRÊS GIRAFAS EMPILHADAS. COMIA FOLHAS DE ÁRVORES QUE DEVIAM SER MUITO GRANDES.

56 BENNETITTALES • COM O TRONCO GROSSO E FOLHAS COMPOSTAS POR FOLHINHAS MENORES, ESSAS PLANTAS TINHAM SEMENTES E ERAM PARECIDAS COM AS CICAS* DE HOJE. NÃO ERAM TEMPOS MUITO FLORIDOS, MAS ELAS ERAM PARENTES PRÓXIMAS DAS PLANTAS COM FLORES.

57 EUDIMORPHODON • É UM DOS MAIS ANTIGOS PTEROSSAUROS QUE SE CONHECE, MAIS OU MENOS DO TAMANHO DE UMA GARÇA. NÃO SE DEIXE ENGANAR PELO BICO: ERA CHEIO DE DENTES, BONS PARA COMER PEIXES. NA PONTA DA CAUDA TINHA UMA ABA QUE O AJUDAVA A MANTER A ESTABILIDADE DO VOO.

58 PLACERIAS • PARECIA UM HIPOPÓTAMO: PASSAVA PARTE DO TEMPO DENTRO DA ÁGUA E COMIA VEGETAÇÃO DAS MARGENS. A BOCA TINHA UMA ESTRUTURA PARECIDA COM UM BICO, COM PRESAS NAS LATERAIS, PROVAVELMENTE USADAS EM DISPUTAS.

59 SATURNALIA TUPINIQUIM • UM DOS PRIMEIROS DINOSSAUROS QUE EXISTIRAM, VIVIA ONDE AGORA É O RIO GRANDE DO SUL. NÃO PASSAVA DO TAMANHO DE UM CACHORRO MÉDIO E ERA UM PREDADOR E TANTO, CORRENDO ATRÁS DE BICHINHOS MENORES. MAS TAMBÉM GOSTAVA DE PLANTAS!

60 AGILODOCODON • PODE SER CONSIDERADO UM PRÉ-MAMÍFERO. PARECIA UM ESQUILO DE FOCINHO COMPRIDO. COM SUAS GARRAS PONTUDAS SUBIA EM ÁRVORES, ALGO QUE NENHUM OUTRO BICHO FAZIA. PARA SE ALIMENTAR, ROÍA A CASCA PARA INGERIR SEIVA.

61 LIOPLEURODON • ESSE ENORME RÉPTIL AQUÁTICO ERA UM ÓTIMO NADADOR, POIS USAVA AS QUATRO NADADEIRAS COMO REMOS. TINHA UMA BOCA ENORME E DEVIA DAR UMAS BELAS MORDIDAS.

62 ARAUCÁRIA • O FAMOSO PINHEIRO-DO--PARANÁ ASSUMIU AS PROPORÇÕES GIGANTESCAS DE HOJE NO FINAL DO TRIÁSSICO. NO COMEÇO ERA UM POUCO MAIOR DO QUE UMA PESSOA ADULTA. OS GRANDES DINOSSAUROS VEGETARIANOS SE ALIMENTAVAM DE SUAS FOLHAS E PROVAVELMENTE DE SUAS PINHAS RECHEADAS DE PINHÕES.

O ENORME CONTINENTE **PANGEA**, QUE ERA CERCADO PELO OCEANO **PANTALASSA**, COMEÇOU A SE DIVIDIR HÁ 175 MILHÕES DE ANOS.

4ª GRANDE EXTINÇÃO

| CAMBRIANO | DEVONIANO • CARBONÍFERO | TRIÁSSICO • JURÁSSICO | CRETÁCEO | PALEOGENO | PLEISTOCENO |

541 m/a — 419 m/a — 359 m/a — 252 m/a — 201 m/a — 201 m/a — 145 m/a — 56 m/a — 2,5 m/a

37

MAGNOLIA

3 cm flor • 2 m

QUETZACOATLUS

11 m

ANKYLOSAURUS

9 x 2 m

NO CLIMA BEM QUENTE DO **CRETÁCEO**, GRANDES MASSAS DE GELO DERRETERAM E SÓ SOBROU NEVE NO TOPO DE MONTANHAS MUITO ALTAS. TAMBÉM SE FORMARAM CADEIAS MONTANHOSAS NO FUNDO DOS OCEANOS. ESSES ACONTECIMENTOS PROVOCARAM UMA ELEVAÇÃO ESPETACULAR NO NÍVEL DO MAR, CERCA DE 200 M ACIMA DO ATUAL, FORMANDO MARES NO MEIO DOS CONTINENTES ONDE SURGIRAM BICHOS BEM DIFERENTES.

CAUDIPTERYX

1 m

VELOCIRAPTOR

60 cm

TRICERATOPS

9 x 3 m

40

CRETÁCEO
FIM DE UMA ERA

NO CRETÁCEO APARECEM AS PRIMEIRAS ÁRVORES COM FRUTOS. AS FLORES SE TORNAM COMUNS, OS INSETOS SE DIVERSIFICAM, SURGEM AS ABELHAS. OS PEQUENOS MAMÍFEROS* SE ESCONDEM DOS SEUS PREDADORES: OS DINOSSAUROS, QUE DOMINAM A TERRA HÁ 80 MILHÕES DE ANOS. O FIM DO CRETÁCEO É MARCADO PELA QUEDA DE UM ASTEROIDE GIGANTE QUE PROVOCA UMA EXPLOSÃO AVASSALADORA E LEVANTA MUITA POEIRA, DEIXANDO A VIDA NA TERRA SEM A LUZ DO SOL DURANTE ANOS. ISSO ACARRETA A EXTINÇÃO DE BOA PARTE DA FLORA E DA FAUNA, INCLUSIVE DOS FAMOSOS DINOSSAUROS.

63 PARASAUROLOPHUS • ELE ANDAVA COM AS QUATRO PATAS QUANDO ESTAVA PROCURANDO PLANTAS PARA COMER, MAS, AO CORRER, USAVA APENAS AS PATAS DE TRÁS. SUA PARTE MAIS MISTERIOSA É A CRISTA DE OSSO NA CABEÇA. JÁ DISSERAM QUE ELA SERVIA PARA RESPIRAR DEBAIXO DA ÁGUA, COMO UM SNORKEL, OU PARA ABRIR CAMINHO NO MEIO DAS FOLHAGENS, PORÉM, AO QUE TUDO INDICA, ERA UMA ESPÉCIE DE CÂMERA DE RESSONÂNCIA QUE EMITIA SONS PARECIDOS COM UMA TROMBETA.

64 MAGNOLIA • AS PLANTAS COM FLORES, COM SUAS CORES E PERFUMES, OCUPARAM GRADATIVAMENTE AS REGIÕES ONDE VIVIAM APENAS AS CONÍFERAS E PLANTAS DA FAMÍLIA DAS CICAS. MAGNÓLIAS E NINFEIAS ESTAVAM ENTRE ESSAS PIONEIRAS. NESTE PERÍODO, DIFERENTES TIPOS DE BESOUROS APARECERAM, LEVANDO PÓLEN DE UMA FLOR PARA OUTRA. AS PRIMEIRAS ABELHAS TAMBÉM DATAM DESTA ÉPOCA.

65 QUETZACOATLUS • FOI O MAIOR BICHO VOADOR QUE JÁ EXISTIU. COM O BICO COMPRIDO E PONTUDO, CAÇAVA ANIMAIS EM TERRA FIRME, ONDE SE COMPORTAVA COMO UM QUADRÚPEDE. SEU NOME É UMA HOMENAGEM AO DEUS DA MITOLOGIA MEXICANA REPRESENTADO COMO UMA SERPENTE EMPLUMADA.

66 TYRANNOSAURUS • QUEM NÃO CONHECE O TIRANOSSAURO REX? O ENORME TAMANHO, A BOCA COM UNS 60 DENTES PONTUDOS E O JEITO PERIGOSO GARANTEM A FAMA DESSE DINOSSAURO. MAS ELE TAMBÉM PARECE UM POUCO DESAJEITADO. ANDAVA NAS PATAS DE TRÁS E TALVEZ COMESSE BICHOS QUE JÁ ENCONTRAVA MORTOS EM VEZ DE CAÇÁ-LOS. MESMO SEM DESPREZAR ESSAS REFEIÇÕES MAIS FÁCEIS, É MUITO PROVÁVEL QUE FOSSE UM BOM CAÇADOR.

67 TRICERATOPS • PARECE LÓGICO PENSAR QUE OS TRÊS CHIFRES DESSE GRANDE HERBÍVORO, QUE CHEGAVA A PESAR 5 TONELADAS, SERVISSEM PARA ENFRENTAR PODEROSOS CARNÍVOROS COM QUEM CONVIVIA. MAS TAMBÉM ERAM ÚTEIS, JUNTO COM A ESTRUTURA QUE PARECE UMA JUBA DE OSSO, PARA SE DIFERENCIAR DENTRO DO PRÓPRIO BANDO.

68 CEARADACTYLUS • O NOME VEM DO LUGAR ONDE FOI ENCONTRADO: O CEARÁ, NO NORDESTE DO BRASIL. LÁ ESTÁ A CHAPADA DO ARARIPE, ONDE HÁ MUITOS FÓSSEIS DE ANIMAIS PRÉ-HISTÓRICOS. O CEARADACTYLUS ERA UM RÉPTIL VOADOR COM UM BICO EM FORMA DE ESPÁTULA, QUE DEVIA SERVIR PARA CAÇAR PEIXES.

  LUA
SOL   TERRA

ORIGEM DA VIDA

EUCARIONTES

EDIACARANO

| 4,6 bilhões de anos (b/a) | 4,5 b/a | 4,1 b/a | 2,1 b/a | 630 milhões de anos (m/a) |

42

69 VELOCIRAPTOR • TAMANHO NÃO É DOCUMENTO. EM MEIO A TANTOS GIGANTES, TER MAIS OU MENOS A ESTATURA DE UM PERU PODERIA SER UM PROBLEMA. MAS NÃO PARA O VELOCIRAPTOR; ELE ERA UM PREDADOR EFICIENTE. TINHA UMA GARRA NOS PÉS QUE, EM VEZ DE SER USADA PARA ANDAR, FICAVA LEVANTADA E SERVIA COMO ARMA. DEPOIS DE MUITO TEMPO DE INCERTEZA, HOJE OS ESPECIALISTAS SABEM QUE ELE TINHA PENAS – EMBORA NÃO VOASSE.

70 CHLAMYDOSELACHUS • ESSE TUBARÃO SURGIU PRÓXIMO AO FINAL DO CRETÁCEO, E ALGUMAS ESPÉCIES EXISTEM ATÉ HOJE EM VÁRIOS LUGARES DO MUNDO. PARECE UM MONSTRO PRÉ-HISTÓRICO, MAS NÃO PRECISA TER MEDO DE ENCONTRAR UM POR AÍ, JÁ QUE VIVEM NAS PROFUNDEZAS DO MAR E NÃO COSTUMAM APARECER.

71 ANKYLOSAURUS • PARA UM VEGETARIANO VIVENDO ENTRE GIGANTES, ERA MESMO UMA BOA IDEIA TER ESSA ARMADURA QUE LHE DAVA UM ASPECTO DE TANQUE DE GUERRA. MAS SUA VERDADEIRA ARMA ERA A CAUDA, COM UMA ESPÉCIE DE MARTELO NA PONTA: UMA RABADA BEM DADA PODIA ATÉ QUEBRAR AS PERNAS DE DINOSSAUROS MAIORES.

72 ELASMOSAURUS • O ELASMOSAURUS NÃO ERA UM DINOSSAURO, E SIM UM RÉPTIL MARINHO. NORMALMENTE FICAVA COM O PESCOÇO ESTICADO DENTRO DA ÁGUA, E SÓ LEVANTAVA UM POUCO A CABEÇA QUANDO ESTAVA BEM APOIADO NO FUNDO DO MAR. TINHA UM PESCOÇO TÃO FORA DO NORMAL QUE O CIENTISTA QUE ESTUDOU O PRIMEIRO ESQUELETO PÔS A CABEÇA NO LADO ERRADO: NA PONTA DA CAUDA.

PARA SABER +

73 CAUDIPTERYX • COM CARACTERÍSTICAS DE AVES E DE RÉPTEIS, COMO UM BICO COM ALGUNS DENTES, AINDA NÃO SE SABE O QUE DE FATO ERA. MAS ELE PARECIA NÃO SE IMPORTAR; CORRIA DEPRESSA COM O CORPO COBERTO DE PENAS, SEM VOAR...

74 MELITTOSPHEX BURMENSIS • A ABELHA MAIS ANTIGA QUE SE CONHECE ERA QUASE DO TAMANHO DE UM PEQUENO MOSQUITO. MAS TINHA ESTRUTURAS PARA RECOLHER PÓLEN, SINAL DE QUE NA ÉPOCA JÁ HAVIA FLORES.

75 IBEROMESORNIS • ESSA AVE DO TAMANHO DE UM PARDAL ENCONTRADA NA ESPANHA DEVIA VOAR ATRÁS DE INSETOS, QUE TAMBÉM PODIA CAPTURAR NO CHÃO COM SEU BICO CHEIO DE DENTES. ALÉM DE FORTES GARRAS NOS PÉS, TINHA GARRAS NAS ASAS.

O SUPERCONTINENTE **GONDWANA** SE DESMANTELA, ABRINDO ESPAÇO PARA O OCEANO ATLÂNTICO. ASSIM, VÃO SURGINDO OS CONTINENTES QUE HOJE CONHECEMOS.

5ª GRANDE EXTINÇÃO

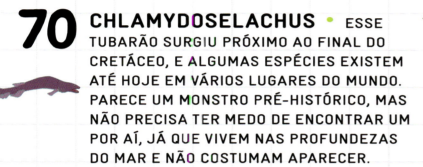

| CAMBRIANO | DEVONIANO • CARBONÍFERO | TRIÁSSICO • JURÁSSICO | CRETÁCEO | PALEOGENO | PLEISTOCENO |

541 m/a — 419 m/a — 359 m/a — 252 m/a — 201 m/a — 145 m/a — 66 m/a — 56 m/a — 2,5 m/a

43

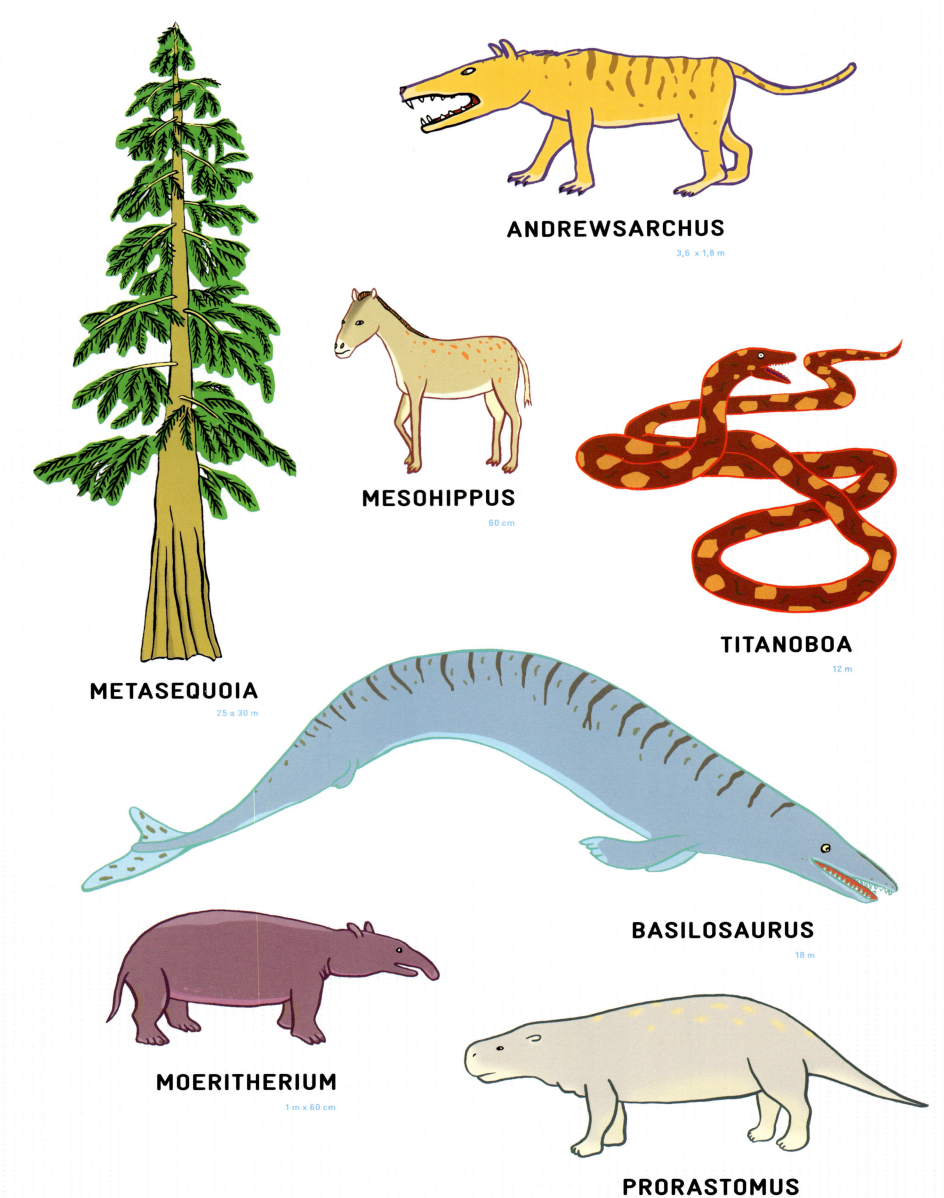

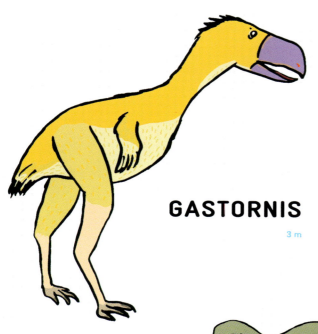

GASTORNIS
3 m

PALAEOCHIROPTERYX
30 cm

PERUPITHECUS
20 cm

INDRICOTHERIUM
5 m

A TERRA, NO PRINCÍPIO DO **PALEOGENO**, SE PARECIA COM UM GRANDE JARDIM EXUBERANTE. FLORESTAS CHEGARAM A ALCANÇAR OS POLOS. MAS AO LONGO DESSE PERÍODO A TEMPERATURA FOI DIMINUINDO E APENAS UMA PEQUENA PARTE DA FLORA E DA FAUNA SE ADAPTOU ÀS NOVAS CONDIÇÕES CLIMÁTICAS, ACARRETANDO UMA IMPORTANTE EXTINÇÃO. NESSA ÉPOCA HOUVE A FORMAÇÃO DE GRANDES CADEIAS DE MONTANHAS, COMO O HIMALAIA.

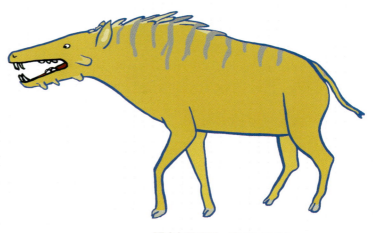

ENTELODON
1,80 m

BRONTOTHERIUM
3,5 x 2,5 m

LEPTICTIDIUM
70 cm

47

PALEOGENO
A VEZ DOS MAMÍFEROS

OS MAMÍFEROS, SEM A PRESENÇA DOS DINOSSAUROS PREDADORES, OCUPAM UM ESPAÇO MAIOR NA TERRA. A PRINCÍPIO, SEUS TAMANHOS REDUZIDOS POSSIVELMENTE OS AJUDAM A SUPORTAR MELHOR O CALOR. MAS AO LONGO DOS 42,5 MILHÕES DE ANOS DO PALEOGENO, ELES CRESCEM E SE DIVERSIFICAM EM FAMÍLIAS. ALGUMAS AVES CRESCEM MUITO E DEIXAM DE VOAR PARA SE TORNAREM CORREDORAS VELOZES. APARECEM OS ROEDORES, OS MAMÍFEROS CARNÍVOROS E, ENTRE OS HERBÍVOROS, COMEÇAM AS LINHAGENS DAS FAMÍLIAS DOS ELEFANTES, CAMELOS E CAVALOS. AVES MODERNAS E MAMÍFEROS MARINHOS TAMBÉM FAZEM PARTE DESTA HISTÓRIA...

76 LEPTICTIDIUM • MAIS OU MENOS DO TAMANHO DE UM PORQUINHO-DA-ÍNDIA (SEM CONTAR A LONGA CAUDA), ESSE MAMÍFERO TINHA UMA PARTICULARIDADE RARA: ANDAVA COM AS PERNAS TRASEIRAS. NA VERDADE, SERÁ QUE ANDAVA OU PULAVA? TINHA UMA DIETA VARIADA, QUE INCLUÍA BICHINHOS PEQUENOS, E VIVIA EM FLORESTAS.

77 BASILOSAURUS • APESAR DO NOME, NÃO É UM DINOSSAURO: É UM MAMÍFERO, UMA DAS PRIMEIRAS BALEIAS QUE EXISTIRAM E UM DOS MAIORES ANIMAIS DA ÉPOCA. NADAVA SERPENTEANDO ATRÁS DE OUTROS BICHOS, QUE COMIA COM UMA MORDIDA TÃO FORTE QUE ERA CAPAZ ATÉ DE QUEBRAR OSSOS.

78 ANDREWSARCHUS • UM DOS MAIORES CARNÍVOROS QUE JÁ EXISTIRAM, MAIS ALTO DO QUE UMA PESSOA ADULTA. COM ESSA CARA DE FOME, OS MOERITHERIUNS QUE SE CUIDEM! ERA UM ANTIGO PARENTE DOS PORCOS E VEADOS, É POSSÍVEL QUE TIVESSE CASCOS NOS PÉS.

79 PERUPITHECUS • ESSE MACACO DO TAMANHO DE UM SAGUI TEM ESSE NOME PORQUE VIVIA ONDE ATUALMENTE É O PERU. HOJE A AMÉRICA DO SUL TEM MUITOS TIPOS DE MACACOS, MAS ATÉ 36 MIL ANOS ATRÁS ELES SÓ EXISTIAM NA ÁFRICA. NÃO SE SABE AO CERTO COMO ELES ATRAVESSARAM O OCEANO, SERÁ QUE FOI COM UMA JANGADA?

80 PALAEOCHIROPTERYX • UM DOS PRIMEIROS MORCEGOS QUE EXISTIRAM, NÃO ERA MAIOR DO QUE OS QUE VOAM POR AÍ. MANOBRANDO EM MEIO ÀS COPAS DAS ÁRVORES, CONSEGUIAM CAÇAR INSETOS, COMO MARIPOSAS, USANDO OS PRÓPRIOS GRITOS COMO RADAR, ALGO COMUM ATÉ HOJE.

81 MESOHIPPUS • DO TAMANHO DE UM CACHORRO, ELE PRECISAVA SER RÁPIDO PARA FUGIR DOS BICHOS MAIORES. COM PERNAS LONGAS, PROVAVELMENTE FAZIA ISSO BEM. SEUS DESCENDENTES, OS CAVALOS, TAMBÉM SÃO BONS CORREDORES — MESMO QUE NÃO PRECISEM FUGIR DE PREDADORES FAMINTOS.

SOL — TERRA LUA — ORIGEM DA VIDA — EUCARIONTES — EDIACARANO

4,6 bilhões de anos (b/a) | 4,5 b/a | 4,1 b/a | 2,1 b/a | 630 milhões de anos (m/a)

PARA SABER +

82 MOERITHERIUM • APESAR DE SE PARECEREM MAIS COM UMA ANTA, ERAM PARENTES DOS ELEFANTES. TINHAM UM BEIÇO COMPRIDO QUE OS AJUDAVA A PEGAR PLANTAS NAS ÁREAS ALAGADAS ONDE VIVIAM.

83 METASEQUOIA • HAVIA MUITAS DESTAS ENORMES ÁRVORES EM ALGUMAS FLORESTAS DAQUELA ÉPOCA. DE VEZ EM QUANDO ELAS PERDIAM AS FOLHAS, MAS NÃO PORQUE FICASSE FRIO (O CALOR ERA QUASE CONSTANTE), MAS PORQUE A LUMINOSIDADE VARIAVA CONFORME A ESTAÇÃO. AINDA HOJE EXISTEM ÁRVORES MUITO PARECIDAS EM LUGARES COMO A CHINA.

84 PRORASTOMUS • ESSE ANCESTRAL DOS PEIXES-BOI, DO TAMANHO DE UM PORCO, VIVIA DENTRO E FORA DA ÁGUA, E GOSTAVA DE COMER PLANTAS MACIAS.

85 GASTORNIS • CONHECIDOS COMO AVES DO TERROR, PODIAM CHEGAR A 3 M DE ALTURA E ERAM CAÇADORES TEMIDOS PRINCIPALMENTE POR ANIMAIS PEQUENOS. AS SERIEMAS, AVES PACÍFICAS E ELEGANTES DO BRASIL CENTRAL, SÃO SEUS DESCENDENTES. FORAM OS ÚNICOS GRANDES PREDADORES SUL-AMERICANOS A MIGRAR PARA A AMÉRICA DO NORTE, QUANDO SURGIU UMA PASSAGEM TERRESTRE ENTRE OS DOIS CONTINENTES.

86 BRONTOTHERIUM • PARECIA UM RINOCERONTE COM UM CHIFRE ESQUISITO EM FORMA DE Y, MAS ERA DO TAMANHO DE UM ELEFANTE. O NOME SIGNIFICA BESTA-TROVÃO: SERÁ QUE ERA MUITO BARULHENTO?

87 INDRICOTHERIUM • TAMBÉM CONHECIDO COMO RINOCERONTE-GIRAFA, PORQUE É UM ANTEPASSADO DOS RINOCERONTES E COMIA FOLHAS DO ALTO DAS ÁRVORES COMO AS GIRAFAS. TINHA O PESO DE UNS TRÊS OU QUATRO ELEFANTES JUNTOS!

88 ENTELODON • ÀS VEZES É INJUSTAMENTE CHAMADO DE PORCO EXTERMINADOR. MAS NÃO DEVIA SER TÃO TERRÍVEL ASSIM E, MESMO QUE PARECESSE, NÃO ERA BEM UM PORCO. COMIA O QUE ENCONTRAVA: DESDE CAÇA ATÉ VEGETAIS, PASSANDO POR CARNIÇA.

89 TITANOBOA • A MAIOR COBRA QUE JÁ EXISTIU. TINHA O DOBRO DO TAMANHO DAS MAIORES QUE TEMOS HOJE. PESAVA QUASE TANTO QUANTO UM HIPOPÓTAMO. NAS FLORESTAS EM QUE VIVIA FAZIA MUITO CALOR E HAVIA BICHOS GRANDES PARA COMER.

A AMÉRICA DO NORTE SE SEPARA TOTALMENTE DA EURÁSIA, O POLO SUL E A AUSTRÁLIA SE DISTANCIAM, CRIANDO NOVAS CORRENTEZAS MARÍTIMAS QUE DEVEM TER CONTRIBUÍDO PARA MUDAR O CLIMA.

| CAMBRIANO | DEVONIANO • CARBONÍFERO | TRIÁSSICO • JURÁSSICO | CRETÁCEO | PALEOGENO | PLEISTOCENO |

541 m/a | 419 m/a | 359 m/a | 252 m/a | 201 m/a | 145 m/a | 56 m/a | 2,5 m/a

49

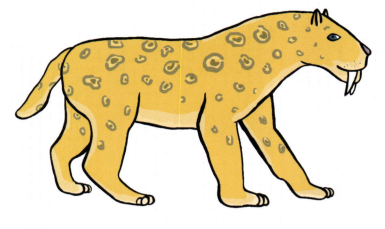

SMILODON
1,75 x 1 m

MEGALOCEROS
2,10 m

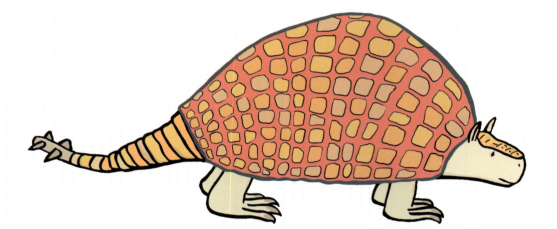

HOPLOPHORUS
1,5 m

> No **PLEISTOCENO** os continentes atingem o seu posicionamento atual e sofrem sucessivos ciclos de glaciação. O gelo chegou a cobrir 30% do planeta com geleiras continentais de até 3000 m de espessura! Com toda essa água solidificada, o nível do mar baixou mais de 100 m.

MACRAUCHENIA
2 m

TOXODON
2 m

PLEISTOCENO

MEGAFAUNA

NESTE PERÍODO SURGEM OS PRIMEIROS HOMENS. DIFERENTES DOS SEUS ANCESTRAIS, MANUSEIAM UTENSÍLIOS (HOMO HABILIS), DOMINAM O FOGO (HOMO ERECTUS) E MIGRAM MUNDO AFORA. ELES SE ABRIGAM DO FRIO COM OSSOS E PELES DE MAMUTES E OUTROS ANIMAIS, ALGUNS BEM GRANDES E PELUDOS. MUITO DESSES BICHOS ACABAM EXTINTOS, EM PARTE POR CAUSA DA DESTREZA DOS CAÇADORES BÍPEDES. O FOGO DOMESTICADO, ALÉM DE AQUECER, REVOLUCIONA A ALIMENTAÇÃO.

90 MACRAUCHENIA • PARECIDO COM UM CAMELO TROMBUDO, COM AS NARINAS PERTO DOS OLHOS, ESSE ANIMAL GRANDE E PESCOÇUDO SÓ EXISTIA ONDE AGORA É A AMÉRICA DO SUL. COM AS PERNAS DIANTEIRAS MAIS COMPRIDAS, NÃO DEVIA SER MUITO RÁPIDO. OS ESPECIALISTAS ACREDITAM QUE FUGIA EM ZIGUE-ZAGUE QUANDO PRECISAVA.

93 MAMMUTHUS • ESSE ELEFANTÃO PELUDO CHAMADO MAMUTE, DE PRESAS ENORMES E CURVADAS, ERA MUITO APRECIADO COMO CAÇA... OS HUMANOS DA ÉPOCA COMIAM SUA CARNE E USAVAM A PELE E OS OSSOS PARA CONSTRUIR CASAS E FERRAMENTAS. APARENTEMENTE GOSTAVAM DO FRIO E NÃO SE DERAM BEM QUANDO A ERA DO GELO TERMINOU.

91 HOMO ERECTUS • ORIGINÁRIA DA ÁFRICA, ESSA ESPÉCIE HUMANA MIGROU PARA OUTROS CONTINENTES, MAS NÃO CHEGOU À AMÉRICA. ELES USAVAM FERRAMENTAS SIMPLES, DOMINARAM O FOGO E COMEÇARAM A COZINHAR OS ALIMENTOS.

94 MEGALIBGWILIA • ESSE ANCESTRAL DA EQUIDNA — UM MAMÍFERO TODO ESPINHUDO E MUITO ESPECIAL PORQUE BOTA OVO — SÓ FOI ENCONTRADO NA AUSTRÁLIA E NÃO ERA GIGANTE COMO OUTROS ANIMAIS QUE VIVERAM NESTE PERÍODO. COMIA INSETOS, QUE ENCONTRAVA COM SEU FOCINHO PONTUDO.

92 HOPLOPHORUS • SEU NOME SIGNIFICA "PORTADOR DE ESCUDO". ERA UM TATU GIGANTE, COM UMA ARMADURA GROSSA ATÉ A CAUDA. CAVAVA TÚNEIS QUE SE TORNAVAM TOCAS IMENSAS. ALGUMAS EXISTEM ATÉ HOJE E PARECEM CAVERNAS.

95 MEGALOCEROS • ÀS VEZES CHAMADO DE ALCE-GIGANTE, ERA NA VERDADE UM VEADO DE ENORMES CHIFRES QUE PODIAM ATINGIR 3,5 M DE ENVERGADURA. COM ESSAS ESTRUTURAS, QUE PESAVAM UNS 40 QUILOS, OS MACHOS DEVIAM BATALHAR PARA IMPRESSIONAR AS COMPANHEIRAS.

 SOL

 TERRA / LUA

 ORIGEM DA VIDA

  EUCARIONTES

 EDIACARANO

| 4,6 bilhões de anos (b/a) | 4,5 b/a | 4,1 b/a | 2,1 b/a | 630 milhões de anos (m/a) |

54

PARA SABER +

96 TITANOTYLOPUS • ERA BEM PARECIDO COM UM DROMEDÁRIO, MAS UM TANTO MAIOR. ARMAZENAVA GORDURA NA CORCOVA QUE TINHA NAS COSTAS.

97 EREMOTHERIUM • DO TAMANHO DE UMA CASA DE DOIS ANDARES E COM O PESO DE UM ELEFANTE, AS PREGUIÇAS TERRESTRES CONSEGUIAM COMER FOLHAS DO ALTO DAS ÁRVORES. DEVIAM SER INDEFESAS DIANTE DOS SERES HUMANOS.

98 SMILODON • O TIGRE-DE-DENTES-DE--SABRE ERA UM FELINO BEM GRANDE. COM ENORMES DENTES QUE SOBRESSAÍAM PARA FORA DA BOCA, ERA ESPECIALISTA EM CAÇAR GRANDES ANIMAIS. OS PALEONTÓLOGOS* ACHAM QUE ELE NÃO ERA UM GRANDE CORREDOR. FICAVA DE TOCAIA NA FLORESTA PRONTO PARA O ATAQUE.

99 PROTOPITHECUS • UM GRANDE MACACO QUE EXISTIA NO BRASIL, ERA SEMELHANTE A UM BUGIO. SUBIA NAS ÁRVORES, TINHA UMA DIETA DIVERSA E TALVEZ TAMBÉM DESSE GRITOS ALTOS.

100 TOXODON • PARECIDO COM UM RINOCERONTE, TINHA DENTES CURVADOS — É ISSO QUE SEU NOME SIGNIFICA —, BONS PARA ARRANCAR FOLHAS E PLANTAS. INICIALMENTE, ACHAVA-SE QUE ELE ERA UM ANIMAL DE HÁBITOS ANFÍBIOS, COMO O HIPOPÓTAMO, MAS HOJE SE ACREDITA QUE TENHA VIVIDO EM TERRA FIRME.

NO INÍCIO DO QUATERNÁRIO, OS CONTINENTES JÁ ERAM COMO SÃO HOJE. AS POUCAS DIFERENÇAS SE DEVEM AOS MOVIMENTOS TECTÔNICOS* E ÀS MUDANÇAS NO NÍVEL DO MAR.

   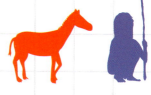

CAMBRIANO DEVONIANO • CARBONÍFERO TRIÁSSICO • JURÁSSICO CRETÁCEO PALEOGENO PLEISTOCENO

| 541 m/a | 419 m/a | 359 m/a | 252 m/a | 201 m/a | 145 m/a | 56 m/a | 2,5 m/a |

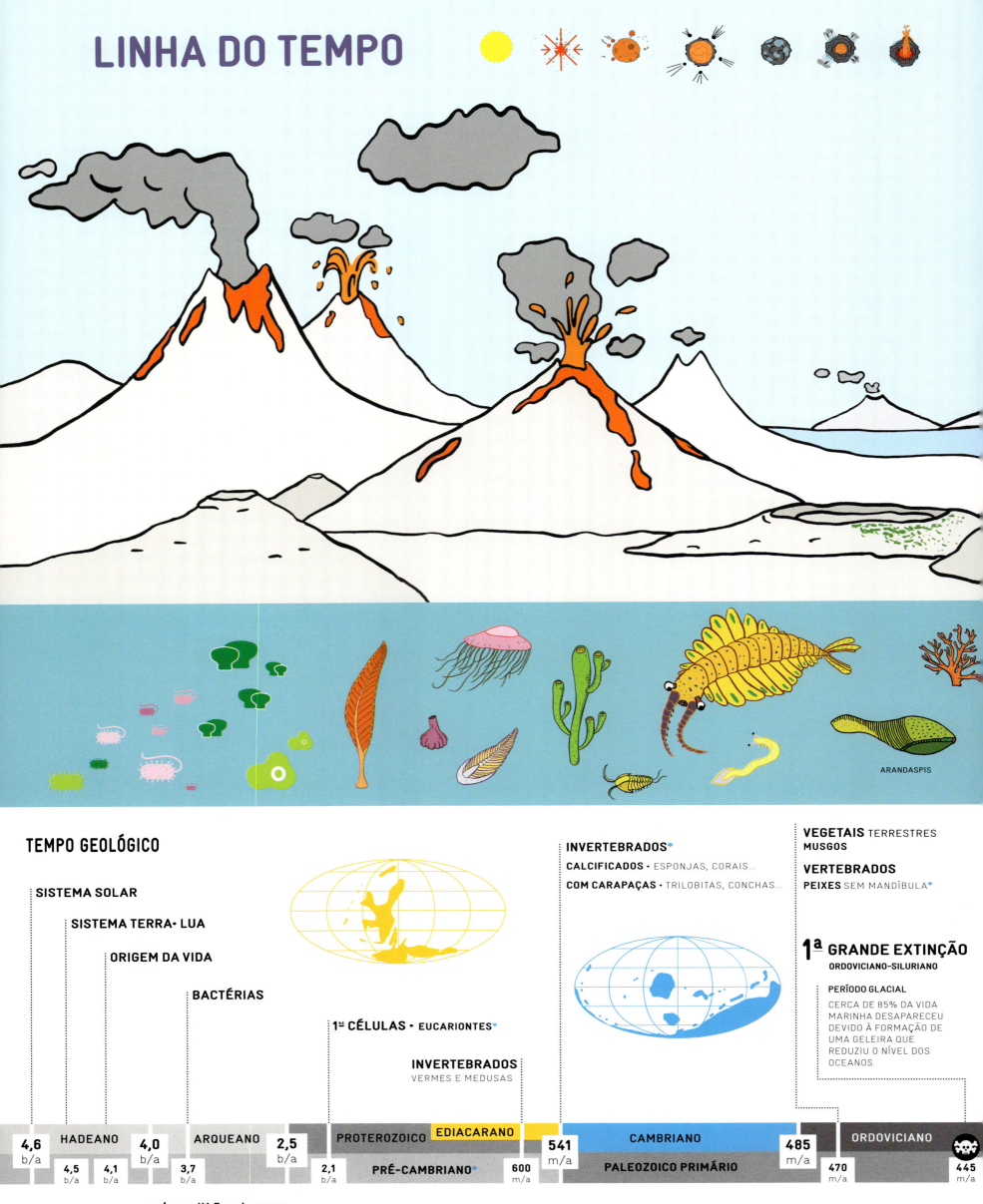

A VIDA NA TERRA

COOKSONIA
PNEUMODESMUS
BARAGWANATHIA
PALAEOPHONUS
COELUROSAURAVUS
DIMETRODON
CRINOIDE
AMONITES
MESOSAURUS

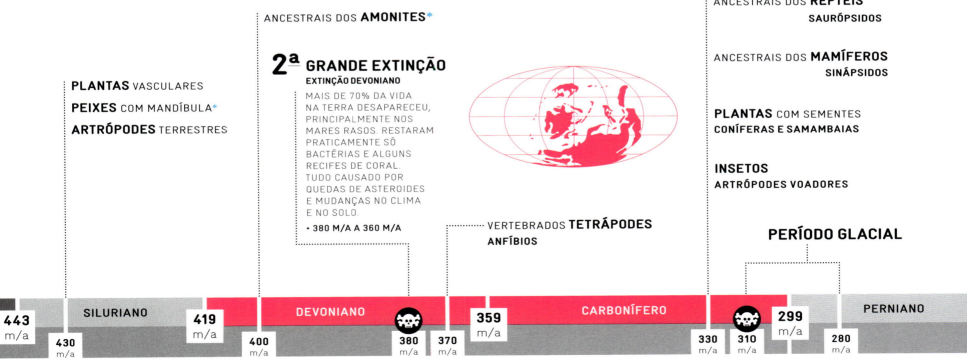

PLANTAS VASCULARES
PEIXES COM MANDÍBULA*
ARTRÓPODES TERRESTRES

ANCESTRAIS DOS **AMONITES***

2ª GRANDE EXTINÇÃO
EXTINÇÃO DEVONIANO
MAIS DE 70% DA VIDA NA TERRA DESAPARECEU, PRINCIPALMENTE NOS MARES RASOS. RESTARAM PRATICAMENTE SÓ BACTÉRIAS E ALGUNS RECIFES DE CORAL. TUDO CAUSADO POR QUEDAS DE ASTEROIDES E MUDANÇAS NO CLIMA E NO SOLO.
• 380 M/A A 360 M/A

VERTEBRADOS **TETRÁPODES**
ANFÍBIOS

ANCESTRAIS DOS **RÉPTEIS**
SAURÓPSIDOS

ANCESTRAIS DOS **MAMÍFEROS**
SINÁPSIDOS

PLANTAS COM SEMENTES
CONÍFERAS E SAMAMBAIAS

INSETOS
ARTRÓPODES VOADORES

PERÍODO GLACIAL

| 443 m/a | SILURIANO | 419 m/a | DEVONIANO | 359 m/a | CARBONÍFERO | 299 m/a | PERNIANO |
| 430 m/a | | 400 m/a | 380 m/a 370 m/a | | 330 m/a 310 m/a | | 280 m/a |

57

3ª GRANDE EXTINÇÃO
PERMIANO

A MAIOR E MAIS IMPORTANTE. CERCA DE 96% DA VIDA NA TERRA DESAPARECEU, E TODOS OS SERES QUE VIERAM DEPOIS DESCENDEM DOS 4% QUE SOBREVIVERAM. A VIDA MARINHA FOI BASTANTE AFETADA, E ATÉ OS INSETOS, NUMEROSOS E RESISTENTES, SOFRERAM SUA ÚNICA EXTINÇÃO EM MASSA NA HISTÓRIA. ALGUMAS CAUSAS PROVÁVEIS: IMPACTO DE ASTEROIDE, GRANDES ERUPÇÕES VULCÂNICAS, LIBERAÇÃO DE GASES MORTAIS, DIMINUIÇÃO DO OXIGÊNIO E DO NÍVEL DO MAR.

• 252 M/A A 245 M/A
DESAPARECIMENTO DOS TRILOBITAS, DE NUMEROSOS INVERTEBRADOS, DE PEIXES, ANFÍBIOS...

4ª GRANDE EXTINÇÃO
TRIÁSSICO - JURÁSSICO

QUASE 50% DE TODAS AS ESPÉCIES SUMIRAM, APENAS AS PLANTAS FORAM POUCO AFETADAS. MUDANÇAS CLIMÁTICAS, ERUPÇÕES TÓXICAS E O IMPACTO DE UM ASTEROIDE SÃO AS POSSÍVEIS CAUSAS.

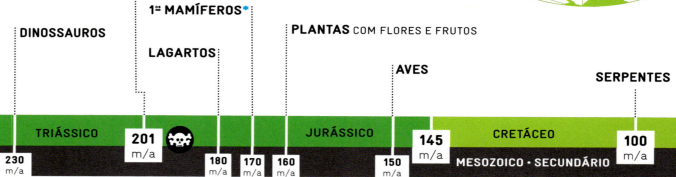

58

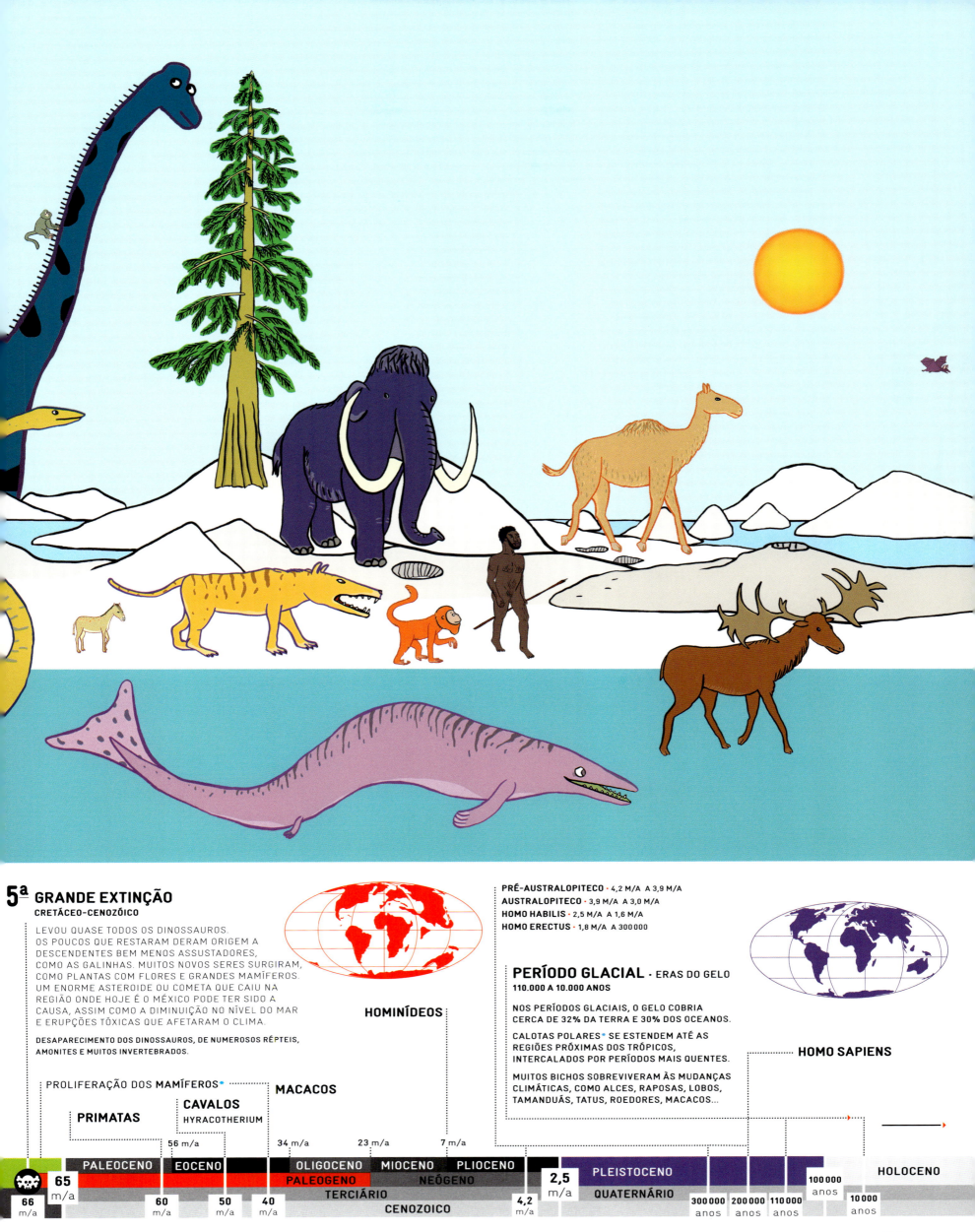

5ª GRANDE EXTINÇÃO
CRETÁCEO-CENOZÓICO

LEVOU QUASE TODOS OS DINOSSAUROS. OS POUCOS QUE RESTARAM DERAM ORIGEM A DESCENDENTES BEM MENOS ASSUSTADORES, COMO AS GALINHAS. MUITOS NOVOS SERES SURGIRAM, COMO PLANTAS COM FLORES E GRANDES MAMÍFEROS. UM ENORME ASTEROIDE OU COMETA QUE CAIU NA REGIÃO ONDE HOJE É O MÉXICO PODE TER SIDO A CAUSA, ASSIM COMO A DIMINUIÇÃO NO NÍVEL DO MAR E ERUPÇÕES TÓXICAS QUE AFETARAM O CLIMA.

DESAPARECIMENTO DOS DINOSSAUROS, DE NUMEROSOS RÉPTEIS, AMONITES E MUITOS INVERTEBRADOS.

PRÉ-AUSTRALOPITECO · 4,2 M/A A 3,9 M/A
AUSTRALOPITECO · 3,9 M/A A 3,0 M/A
HOMO HABILIS · 2,5 M/A A 1,6 M/A
HOMO ERECTUS · 1,8 M/A A 300 000

PERÍODO GLACIAL - ERAS DO GELO
110.000 A 10.000 ANOS

NOS PERÍODOS GLACIAIS, O GELO COBRIA CERCA DE 32% DA TERRA E 30% DOS OCEANOS.

CALOTAS POLARES* SE ESTENDEM ATÉ AS REGIÕES PRÓXIMAS DOS TRÓPICOS, INTERCALADOS POR PERÍODOS MAIS QUENTES.

MUITOS BICHOS SOBREVIVERAM ÀS MUDANÇAS CLIMÁTICAS, COMO ALCES, RAPOSAS, LOBOS, TAMANDUÁS, TATUS, ROEDORES, MACACOS...

HOMINÍDEOS

PROLIFERAÇÃO DOS MAMÍFEROS*   MACACOS

PRIMATAS   CAVALOS
            HYRACOTHERIUM

HOMO SAPIENS

56 m/a   34 m/a   23 m/a   7 m/a

| PALEOCENO | EOCENO | OLIGOCENO | MIOCENO | PLIOCENO | PLEISTOCENO | HOLOCENO |

PALEOGENO   NEÓGENO   2,5 m/a
TERCIÁRIO   QUATERNÁRIO

65 m/a   66 m/a   60 m/a   50 m/a   40 m/a   CENOZOICO   4,2 m/a   300 000 anos   200 000 anos   110 000 anos   100 000 anos   10 000 anos

59

GLOSSÁRIO

AMONITES * LEMBRAM UMA LULA PRÉ-HISTÓRICA. VIVIAM EM UMA CONCHA ESPIRALADA CUJAS DIMENSÕES VARIAVAM ENTRE ALGUNS CENTÍMETROS ATÉ UM METRO DE DIÂMETRO. SURGIRAM NO DEVONIANO E DESAPARECERAM JUNTO COM OS DINOSSAUROS NO FINAL DO CRETÁCEO.

ARTRÓPODE * É UM BICHO INVERTEBRADO (SEM OSSOS) COM UMA CASCA DURA E PERNAS ARTICULADAS. FORMIGAS, ARANHAS E CAMARÕES SÃO EXEMPLOS DE ARTRÓPODES. ANTES DELES, HOUVE MUITOS OUTROS.

ASTEROIDES * SÃO CORPOS CELESTES QUE ORBITAM EM TORNO DO SOL. COMPOSTOS DE ROCHAS, METAIS E ÀS VEZES GELO, VARIAM EM FORMAS E TAMANHOS QUE VÃO DE POUCOS METROS A ALGUMAS CENTENAS DE QUILÔMETROS.

BACTÉRIA * OS PRIMEIROS SERES UNICELULARES SURGIRAM HÁ 4 BILHÕES DE ANOS. FORAM ELES QUE DERAM ORIGEM ÀS BACTÉRIAS, UM TIPO DE ORGANISMO QUE EXISTE ATÉ HOJE COM UMA DIVERSIDADE INCRÍVEL E CAPACIDADE DE VIVER NOS MAIS DIVERSOS AMBIENTES, ATÉ NO CORPO HUMANO, SEM FAZER MAL.

BIG BANG * ESSE É O NOME QUE SE DÁ À GRANDE EXPLOSÃO QUE FORMOU O UNIVERSO HÁ 13,8 BILHÕES DE ANOS, QUANDO TODA A MATÉRIA DO UNIVERSO ESTAVA APERTADA EM UM ESPAÇO MUITO PEQUENO E MUITO QUENTE.

BIOTA * É O CONJUNTO DE SERES VIVOS DE UM DETERMINADO LUGAR OU ÉPOCA. ISSO INCLUI BICHOS, PLANTAS E MUITO MAIS, COMO MICRÓBIOS E COGUMELOS.

CALOTA POLAR * É A CAMADA DE GELO QUE COBRE AS PONTAS DO PLANETA. NO POLO NORTE É UMA MASSA FLUTUANTE, QUE AUMENTA OU DIMINUI CONFORME AS TEMPERATURAS. NO POLO SUL, BOA PARTE DO GELO ESTÁ APOIADA SOBRE UM CONTINENTE.

CICAS * UM DOS TIPOS MAIS ANTIGOS DE PLANTAS. TÊM FOLHAS DURAS E CHEIAS DE DIVISÕES. SÃO PARECIDAS COM PALMEIRAS, SÓ QUE MAIS BAIXAS. MUITAS VEZES TÊM ALGO PARECIDO COM UM ABACAXI NO MEIO DAS FOLHAS.

CONÍFERAS * ÁRVORES QUE NÃO FAZEM FLORES NEM FRUTOS. OS ÓRGÃOS REPRODUTIVOS COSTUMAM TER FORMA DE CONE, COMO AS PINHAS. NOSSA CONÍFERA MAIS CONHECIDA É O PINHEIRO-DO-PARANÁ, A ARAUCÁRIA. SUAS SEMENTES SÃO OS PINHÕES.

EQUIDNA * É UM MAMÍFERO BEM ESQUISITO QUE VIVE NA REGIÃO DA AUSTRÁLIA. PÕE OVOS, COMO AVES OU RÉPTEIS, E PRODUZ LEITE, MAS NÃO TÊM MAMAS COMO OUTROS MAMÍFEROS. OS FILHOTES PRECISAM LAMBER O LEITE QUE ESCORRE PELOS POROS DA PELE DA MÃE.

ESTROMATÓLITO * NO PRÉ-CAMBRIANO, MICRÓBIOS E ALGAS UNICELULARES RESPIRAVAM, PRODUZIAM SUBSTÂNCIAS QUE GRUDAVAM OS GRÃOS DO FUNDO DO MAR E CRIAVAM ESTRUTURAS DE PROTEÇÃO. TUDO ISSO FORMOU ESTRUTURAS QUE SE TORNARAM PETRIFICADAS.

EUCARIONTE * AO CONTRÁRIO DAS BACTÉRIAS, A CÉLULA EUCARIONTE TEM UM NÚCLEO ONDE FICA BEM GUARDADO O DNA, PORTADOR DAS INSTRUÇÕES QUE PASSAM DOS PAIS PARA OS FILHOS. ESSA ORGANIZAÇÃO PERMITE UMA SOFISTICAÇÃO MAIOR NO SEU FUNCIONAMENTO E O DESENVOLVIMENTO DE SERES COMPOSTOS POR MUITAS CÉLULAS, OU MULTICELULARES.

FOTOSSÍNTESE * IMAGINE FAZER COMIDA A PARTIR DE LUZ, AR E ÁGUA. POIS É ASSIM QUE AS PLANTAS SE ALIMENTAM GRAÇAS A UM PROCESSO CHAMADO FOTOSSÍNTESE. A LUZ E O GÁS CARBÔNICO (O AR QUE VOCÊ PÕE PARA FORA QUANDO RESPIRA), ENTRAM PELAS FOLHAS E A ÁGUA SOBE PELAS RAÍZES. COM ISSO A PLANTA CRESCE E TAMBÉM PRODUZ OXIGÊNIO, ESSENCIAL PARA TODOS OS SERES VIVOS RESPIRAREM.

FÓSSIL * QUANDO UM SER VIVO MORRE, ÀS VEZES DEIXA UMA MARCA QUE RESISTE AO TEMPO. PODE SER UMA PLANTA OU UM BICHO INTEIRO TRANSFORMADO EM PEDRA, OU UM CARIMBO DE SEU CORPO DEIXANDO UM MOLDE DURO ONDE ELE FICOU ENTERRADO. O MAIS COMUM É RESTAREM PARTES DURAS, COMO OSSOS OU OVOS. SÓ MAIS RARAMENTE ESTRUTURAS DELICADAS, COMO PELE, PENAS OU O CORAÇÃO, FICAM GUARDADAS. PEGADAS EM UM SOLO QUE ENDURECE E COCÔ PETRIFICADO TAMBÉM PODEM SER FÓSSEIS!

INVERTEBRADO * SÃO BICHOS SEM OSSOS POR DENTRO, EMBORA ÀS VEZES SE DIGA QUE TENHAM ESQUELETO. A BARATA, POR EXEMPLO, É UM ANIMAL INVERTEBRADO, MAS A CASQUINHA DURA QUE COBRE O SEU CORPO É CONSIDERADA SEU ESQUELETO. VOCÊ SABIA QUE 95% DAS ESPÉCIES DA FAUNA DO PLANETA SÃO INVERTEBRADAS?

MAMÍFERO * É UM ANIMAL NA MAIOR PARTE DAS VEZES PELUDO, QUE CONSEGUE ALIMENTAR SEUS FILHOTES PRODUZINDO LEITE ENQUANTO SÃO PEQUENOS. CONHECE ALGUM ASSIM?

MANDÍBULA * É O OSSO MÓVEL DA SUA CABEÇA – E DA CABEÇA DOS OUTROS BICHOS VERTEBRADOS – ONDE ESTÃO OS DENTES DE BAIXO. ÀS VEZES, SÓ UM OSSO SOBRA PARA FORMAR UM FÓSSIL. UMA MANDÍBULA, POR EXEMPLO.

MOVIMENTO TECTÔNICO * NA TERRA PARECE QUE O CHÃO ESTÁ BEM FIRME, MAS NA VERDADE TEM PLACAS QUE SE MEXEM UMAS EM RELAÇÃO ÀS OUTRAS MUITO, MUITO DEVAGAR. MAS ÀS VEZES ELAS SE CHOCAM, RASPAM, EMPURRAM OU ENTRAM UMAS EMBAIXO DAS OUTRAS, CAUSANDO UMAS SACUDIDAS: OS TERREMOTOS.

PALEONTÓLOGO * É O TIPO DE CIENTISTA QUE DESCOBRIU QUASE TUDO O QUE ESTÁ NESTE LIVRO. ELE ENCONTRA FÓSSEIS ESCAVANDO O CHÃO OU EXAMINANDO ROCHAS, E TENTA DESCOBRIR COMO ERA O BICHO QUE DEIXOU SUA MARCA HÁ MILHARES OU MILHÕES DE ANOS, E COMO ELE VIVIA.

PRÉ-CAMBRIANO * É O COMECINHO DA VIDA NA TERRA, DESDE QUE ELA SURGIU, HÁ 4,6 BILHÕES DE ANOS. UM COMEÇO QUE DUROU MUITO, POR VOLTA DE 3,5 BILHÕES DE ANOS. É QUANDO A VIDA COMEÇOU A APARECER E EXPERIMENTAR FORMAS E MODOS DE SER.

MOLUSCOS * SÃO ANIMAIS INVERTEBRADOS; POSSUEM UM CORPO MOLE. ALGUNS SÃO RECOBERTOS POR UMA CONCHA, COMO OS MARISCOS; OUTROS, COMO A LULA E O POLVO, NÃO.

GILLES EDUAR

GOSTO DE ESCREVER HISTÓRIAS, JÁ PUBLIQUEI MUITOS LIVROS MAS, SEM DÚVIDA, *A HISTÓRIA DA TERRA* É A NOSSA MAIOR AVENTURA. ESTE É O MEU QUINTO LIVRO DOCUMENTÁRIO E CADA UM DESSES LIVROS EXIGIRAM ANOS DE TRABALHO E PESQUISA. NO *BRASIL 100 PALAVRAS* DEPARAMOS COM A IMENSA RIQUEZA DA FAUNA E DA FLORA DOS BIOMAS BRASILEIROS. NA *HISTÓRIA DA TERRA 100 PALAVRAS* APRENDEMOS QUE MUITAS VIDAS E MUITOS SERES INCRÍVEIS PASSARAM PELO NOSSO PLANETA. E NESTA HISTÓRIA DE MILHÕES E MILHÕES DE ANOS OS PRIMEIROS HOMENS APARECERAM HÁ MUITO POUCO TEMPO... ESPERO QUE VOCÊS GOSTEM...

MARIA GUIMARÃES

ADORO OLHAR OS BICHOS, AS PLANTAS E TUDO DA NATUREZA. MEU FILHO GIL TAMBÉM GOSTA, MESMO NO MEIO DA CIDADE GRANDE. POR ISSO ESTUDEI BIOLOGIA, E MEU TRABALHO É CONTAR PARA AS OUTRAS PESSOAS O QUE OS CIENTISTAS DESCOBREM. DÁ UM NÓ NA CABEÇA PENSAR QUE HOUVE UM TEMPO (NEM DÁ PARA IMAGINAR QUANDO, DE TÃO LONGE) EM QUE NÃO HAVIA BESOUROS, PASSARINHOS, BORBOLETAS, ROSAS, MARGARIDAS, FORMIGAS, PITANGUEIRAS. AOS POUQUINHOS TUDO MUDA, ALGUNS SERES DESAPARECEM E OUTROS NOVOS PASSAM A EXISTIR. AINDA É ASSIM HOJE, MAS ACONTECE TÃO DEVAGAR QUE NÃO SE NOTA. ESPERO QUE VOCÊ GOSTE DESTE PASSEIO POR TEMPOS EM QUE TUDO ERA DIFERENTE.

 A marca FSC® é a garantia de que a madeira utilizada na fabricação do papel deste livro provém de florestas que foram gerenciadas de maneira ambientalmente correta, socialmente justa e economicamente viável, além de outras fontes de origem controlada.

Esta obra foi composta em Gravur e impressa pela Gráfica Bartira em ofsete sobre papel Couché Design Gloss da Suzano S.A. para a Editora Schwarcz em maio de 2024